Ina Schildbach

Armut verstehen

Ina Schildbach

Armut verstehen

Bibliografische Information der Deutschen Nationalbibliothek

Die Deutsche Nationalbibliothek verzeichnet diese Publikation in der Deutschen Nationalbibliografie; detaillierte bibliografische Daten sind im Internet unter http://dnb.d-nb.de abrufbar.

www.wochenschau-verlag.de

Umschlaggestaltung: Ohl Design
Umschlagbild: Tobias – stock.adobe.com
Gesamtherstellung: Wochenschau Verlag
Gedruckt auf chlorfrei gebleichtem Papier
Print-ISBN 978-3-7344-1664-4
PDF-ISBN 978-3-7566-1664-0
https://doi.org/10.46499/2184

Inhalt

„Wir behaupten gern, andere Gesellschaften hätten unnatürliche und lächerliche Hierarchien, während unsere Hierarchie natürlich und gerecht sei. So haben wir inzwischen gelernt, dass keine Rasse einer anderen überlegen ist, und entrüsten uns über Gesetze, die es Angehörigen einer bestimmten ethnischen Gruppe verbieten, in denselben Stadtteilen zu leben, ihre Kinder an dieselben Schulen zu schicken oder dieselben Krankenhäuser aufzusuchen wie die anderen. Doch die Hierarchie von Arm und Reich, die es Reichen erlaubt, in vornehmeren Stadtteilen zu leben, ihre Kinder auf bessere Schulen zu schicken oder modernere Krankenhäuser aufzusuchen wie Arme, scheint uns vollkommen normal. Und das, obwohl die meisten Reichen nur deshalb reich sind, weil sie in eine reiche Familie geboren wurden, und die meisten Armen nur deshalb ein Leben lang arm bleiben, weil sie aus einer armen Familie stammen." (Harari 2013, 170 f.)

1. Vorwort

Um Armut zu bekämpfen, scheint es naheliegend, mehr Geld zu fordern: mehr Geld in Gestalt von Sozialstaatsausgaben im nationalen Rahmen, ein größeres Budget für Entwicklungshilfe im internationalen Kontext und viele andere Maßnahmen, die die Kaufkraft von Menschen und den Haushalt von Staaten stärken. Auch ich habe viele Jahre so gedacht und argumentiert. Und natürlich bleibt es richtig, dass beispielsweise eine Erhöhung des Arbeitslosengeld-II-Satzes den von Armut durch Arbeitslosigkeit Betroffenen unmittelbar hilft. Insofern war und ist das Naheliegende zutreffend.

Nur: In Zeiten der globalen Klimakrise und des – dank Fridays for Futures – gewachsenen Bewusstseins von ebendieser kann darin nicht die zentrale Lösung für das nach wie vor drängende Problem der nationalen und weltweiten Armut liegen. Was würde passieren, wenn alle Menschen dieser Erde plötzlich denselben Lebensstil wie „wir" in Deutschland pflegen würden? Bekannterweise bräuchten wir drei Erden, wenn alle so leben würden. Unser Lebensstil ist also nicht verallgemeinerbar, sondern exklusiv.

Was folgt daraus? Natürlich nicht, dass wir anderen Menschen und Staaten das Recht auf Entwicklung absprechen und sie in Armut halten. Unsere exklusiven und exkludierenden Privilegien aufgrund der Zufälligkeit des Geburtsortes, auf die später noch weiter einzugehen sein wird, lassen sich nicht rechtfertigen. Dennoch ist die Erkenntnis der Nicht-Verallgemeinerbarkeit unserer Lebensweise vor dem Hintergrund der Klimakrise im Kontext der Debatte über Armut relevant. Sie verdeutlicht, dass wir prinzipiell anders über das Phänomen Armut und deren Bekämpfung nachdenken müssen.

Hierzu möchte dieses Büchlein einen Beitrag leisten – und immer auch die Klimakrise und die nötige sozial-ökologische Transformation „mitdenken".

Ina Schildbach, August 2024

2. Einleitung: Globale Armut in Zeiten der „Zangenkrise"

In Zeiten des Ukraine-Krieges, der Inflation und allgemeinen ökonomischen Unsicherheit muss nicht weiter für die Relevanz des Themas der Armut in Deutschland und weltweit geworben werden. Seit der Covid-19-Pandemie und dem Krieg in der Ukraine ist sie ein breit diskutiertes gesellschaftliches Thema. Dem jüngsten Bericht des Paritätischen Wohlfahrtsverbandes zufolge, dessen Daten sich auf 2022 beziehen, sind 14,2 Millionen Menschen bzw. 16,8 Prozent der Menschen einkommensarm (vgl. Deutscher Paritätischer Wohlfahrtsverband 2024, 3). Im Vergleich zum Vorjahr stellt dies einen Rückgang von 0,1 Prozent dar, allerdings war von 2006 bis 2022 eine stets wachsende Armut zu verzeichnen. Ob also tatsächlich von einer Trendwende in Deutschland gesprochen werden kann, muss zum gegenwärtigen Zeitpunkt noch offen bleiben. Inzwischen ist jedenfalls gut belegt, dass insbesondere die einkommensschwachen Bevölkerungsgruppen von der hohen Inflation betroffen sind (vgl. Forschungsinstitut zur Zukunft der Arbeit 2023). Weltweit ist die Zahl der Armutsbetroffenen in den letzten Dekaden abnehmend, allerdings haben die Pandemie sowie die Folgen des Ukraine-Krieges diesen positiven Trend gestoppt. Dem aktuellen UN-Nachhaltigkeitsbericht zufolge leben 575 Millionen Menschen in extremer Armut, also von weniger als 2,15 Dollar pro Tag; dies entspricht 8,8 Prozent der Weltbevölkerung (vgl. United Nations 2023, 12). Der UN-Bericht weist auch darauf hin, dass sich die Eindämmung der lebensbedrohlichen Armut in den letzten Jahrzehnten trotz des allgemein positiven Trends bereits vor der Covid-19-Pandemie verlangsamt hat.

Dieses kaum greifbare Ausmaß der absoluten Armut in der Welt macht es zu einem der drängendsten Menschheitsprobleme und die Debatte um mögliche Gegenmaßnahmen ist dementsprechend zentral. Dieses Einführungsbuch möchte hierzu einen Beitrag leisten und dabei den Fokus auf zwei Punkte lenken, die im Diskurs nicht immer berücksichtigt werden: die ökonomisch-ökologische Zangenkrise sowie die Verschränkung von Armut im Globalen Norden und im Globalen Süden.

Was ist mit der „ökonomisch-ökologischen Zangenkrise" (Dörre 2021, 50) gemeint? Den UN-Nachhaltigkeitszielen zufolge, zu denen sich die Staatengemeinschaft im Rahmen der UN (United Nations) 2015 bekannt hat, besteht Einigkeit in den Zielen der Armuts- und Hungerbekämpfung (Ziel 1 und 2), dem Schutz des Klimas (Ziel 13) und der Förderung des Wirtschaftswachstums (Ziel 8). Damit steht bruchlos nebeneinander, was unvereinbar erscheint: die Armut und den Hunger bekämpfen, das Wirtschaftswachstum befördern und das Klima schützen. Letzteres erfordert, dass wir unseren Ressourcenverbrauch einschränken. Für Deutschland bedeutet dies, dass wir nicht mehr drei Erden verkonsumieren. Der sogenannte „Earth Overshoot Day" war 2024 am 1. August: Anfang August haben wir also bereits so viele nachwachsende Rohstoffe verbraucht, wie sich das Jahr über regenerieren können. Wirtschaftswachstum hingegen bedeutet auch einen steigenden Ressourcenverbrauch. Präzisieren lässt sich dies mit den Begriffen der relativen und absoluten Entkopplung. Relative Entkopplung bedeutet, dass der Verbrauch von Emissionen und Ressourcen sowie die Produktion von Gütern und die Bereitstellung von Dienstleistungen, also das BIP (Bruttoinlandsprodukt), wachsen, Ersteres jedoch im geringeren Maße. Im Sektor des Energieverbrauches gelingt dies bspw. in Deutschland. Eine absolute Entkopplung liegt dann vor, wenn das BIP weiter steigt, und der Energie- sowie Ressourcenverbrauch in absoluten Zahlen rückläufig ist. Um den Klimawandel erfolgreich zu bekämpfen, wäre eine starke absolute Entkopplung notwendig, also nicht nur ein geringfügig, sondern ein erheblich geminderter Verbrauch von Ressourcen. Auch wenn es auf diesem Feld zahlreiche Debatten und weitere zu berücksichtigende Faktoren gibt, ist beim momentanen Stand davon auszugehen, dass in

Zukunft keine hinreichend große absolute Entkopplung existieren wird. Die Fokussierung auf Wachstum untergräbt auf Dauer unsere natürlichen Lebensgrundlagen. „Schrumpft die Wirtschaft, verlangsamt sich der Klimawandel. Wächst die Wirtschaft, beschleunigt er sich“ (Göpel 2020, 76). Das Ziel 8 untergräbt also das Erreichen von Ziel 13.

Beziehen wir diese Erkenntnisse nun auf das Problem der Armut, sind alle Elemente der Zangenkrise vereint. Um Armut erfolgreich bekämpfen zu können, benötigen Staaten für die allermeisten Maßnahmen (s. Kapitel 4) finanzielle Mittel: Sozialstaatsleistungen, ein bedingungsloses Grundeinkommen, Entwicklungshilfe und andere Möglichkeiten kosten Geld. Die Kassen sind vor allem dann gut gefüllt, wenn das Wachstum einer Nation floriert. „Zangenkrise besagt somit, dass das wichtigste Mittel zur Überwindung ökonomischer Stagnation und zur Pazifizierung interner Konflikte im Kapitalismus, die Generierung von Wirtschaftswachstum nach den Kriterien des Bruttoinlandsprodukts, unter Status-quo-Bedingungen (hoher Emissionsausstoß, hohe Ressourcen- und Energieintensität auf fossiler Grundlage) ökologisch zunehmend destruktiv und deshalb gesellschaftszerstörend wirkt“ (Dörre 2021, 61). Über mehr Mittel für die Armutsbekämpfung zu verfügen, ist gleichbedeutend mit einem Anheizen der Klimakrise. Insofern stehen also auch die Ziele 1, 2 und 8 im Widerspruch zu Ziel 13.

Was ist mit der Verschränkung von Armut im Globalen Norden und im Globalen Süden gemeint? In diesem Buch sollen die Phänomene der Armut in Deutschland sowie im Globalen Süden zusammen behandelt werden. Natürlich gibt es hinsichtlich der Ausprägung große Unterschiede, insofern es sich im ersten Fall zumeist um relative und im anderen um absolute Armut handelt. Dennoch ist es meines Erachtens aus mehreren Gründen sinnvoll und teilweise auch notwendig, beide Erscheinungen als unterschiedliche Formen derselben Sache zu analysieren.

Historisch lässt sich nachvollziehen, dass der Lebensstandard der Bevölkerungen auf dieser Welt vor der Kolonialisierung ähnlich war. In Zeiten der Industrialisierung hat sich in Europa massenhafte Armut entwickelt, zum einen der Arbeitenden als auch der „Pauper", die von den Fabriksystemen ausgeschlossen waren. In den kolonialisierten Ländern wurden Menschen versklavt und als billige Arbeitskräfte ausgebeutet. Sukzessive hat sich die Hierarchie der Staatenwelt dahingehend entwickelt, dass die kolonisierenden Länder durch die Ausbeutung der Ressourcen und Menschen einen Sozialstaat und bessere Löhne sowie Arbeitsschutzgesetze etc. einführen konnten. Die heute immer noch bestehenden extremen Unterschiede zwischen dem Lebensniveau der Menschen entstanden. In den Staaten des Globalen Nordens wird die Armut durch ein soziales Sicherungssystem kompensiert; sie haben qua Geburtsort ein Staatsbürgerschaftsprivileg, während auf der anderen Seite die „Staatsbürgerschaftsstrafe" steht (vgl. Kapitel 3.1). So ist Armut in westlichen Staaten überwiegend eine kompensierte, relativ zum Durchschnittseinkommen der anderen, während in den ärmeren Staaten Millionen von Menschen weltweit unter Hunger und absoluter Armut leiden. Harari (2013) hat also recht damit, wenn er darauf verweist, dass die Existenz von reichen und armen Familien mit allen Konsequenzen ebenfalls eine „lächerliche" und keineswegs natürliche Hierarchie darstellt; er hat jedoch vergessen, den wichtigen Aspekt der überwiegenden Lokalisierung der reichen bzw. armen Familien im Globalen Norden bzw. Globalen Süden zu erwähnen, was ihm eine weitere Hierarchie hinzufügt.

In der Zeit des Kolonialismus liegen also die Wurzeln für die unterschiedlichen Ausprägungsformen der Armut und die global stark miteinander verflochtenen Ökonomien. Immanuel Wallerstein analysierte diesen Prozess unter dem Begriff der Weltsystemtheorie: Es gibt kein „Außen" mehr, sondern alle Nationen sind so miteinander verflochten, dass die Gegebenheiten in einem Land nicht sinnvoll ohne die Betrachtung der ökonomischen und politischen Positionierung im Weltsystem untersucht werden können. Das gegenteilige Verständnis einer

Nation als abgegrenzte, unabhängige Einheit lässt sich als „methodologischer Nationalismus“ kritisieren. Für Deutschland und das Phänomen der Armut bedeutet dies beispielsweise, dass die staatlich geleistete Kompensation nur deswegen möglich ist, weil wir einen konkurrenzfähigen Standort haben und sich die ökonomische auch in politische Macht niederschlägt. Die inferiore Position anderer Staaten ist bspw. der Grund, weswegen viele Menschen dort migrieren möchten und in Deutschland wiederum überdurchschnittlich häufig von Armut bedroht sind. Auch aufgrund der Interdependenz im heutigen Weltsystem lässt sich Armut (und Reichtum) „hier“ also analytisch nicht von Armut (und Reichtum) „dort“ trennen.

Ein letzter Grund schließlich, weswegen auch „deutsche“ Armutsforschung immer Armut weltweit einbeziehen sollte, liegt in der Diskussion der Gegenmaßnahmen begründet. Gerade heutzutage sind in vielen Staaten sogenannte Rechtspopulisten an der Macht oder weisen hohe Zustimmungsquoten in den Umfragen auf. Eine der Ursachen hierfür liegt auch in der sozialen Frage: Viele versprechen eine Verbesserung des Rentensystems, einen Ausbau der Kitaplätze etc. durch einen Ausschluss der aus ihrer Sicht nicht zur eigentlichen Gesellschaft Gehörigen. Um diese national(istisch)e Antwort auf Armut kritisieren zu können, bedarf es einer globalen Perspektive. Denn entsprechende Programme können nur dann als „Antwort“ auf die soziale Frage begriffen werden, wenn die Armut der Deutschen/Franzosen/Polen etc. den Sorgegegenstand darstellt. Aus dieser Sicht ist es konsequent, den Nationalstaat exklusiv auszugestalten. Dem kann meines Erachtens nur eine *universalistische* Perspektive etwas entgegensetzen, die die Interdependenz zwischen Armut und Reichtum im Globalen Norden und im Globalen Süden hervorhebt und die Abschaffung der *Armut an sich* als Menschheitsaufgabe versteht.

Das Buch möchte für diese Perspektive werben, auch wenn die komprimierte Darstellung notwendigerweise vieles aussparen muss. Vor allem war es nicht möglich, das Phänomen des

Reichtums zu behandeln, auch wenn dies – wie bereits angedeutet wurde – in analytischer Hinsicht wesentlich wäre.

Der Band gliedert sich in vier zentrale Kapitel. Zunächst geht es um die Klärung der Frage, was Armut überhaupt bedeutet. Dabei sollen nicht nur, wie üblicherweise, zentrale sozialwissenschaftliche Konzepte vorgestellt, sondern auch Auszüge aus der sozialphilosophischen Tradition aufgegriffen werden: Welche Perspektiven haben Philosoph*innen auf das Phänomen? Was können wir von ihnen über die heute dominierenden sozialwissenschaftlichen Ansätze hinaus lernen? Und worin liegt Armut von Individuen, Staaten und ganzen Gesellschaften verschiedenen Theorien zufolge begründet? Schließlich wird die Frage aufgegriffen, wie sich Armut bekämpfen lässt. Dabei soll es zunächst darum gehen, bereits praktizierte Gegenmaßnahmen zu skizzieren, um anschließend darüber hinausgehende vorzustellen, die von Wissenschaftler*innen und Aktivist*innen diskutiert werden. Gerade hinsichtlich der Ursachen und Gegenmaßnahmen können natürlich nur kurze Einblicke gegeben werden und viele Faktoren müssen unberücksichtigt bleiben. Da permanent neue Studien erscheinen und Zahlen schnell veralten – wenn auch die großen Trends durchaus konstant sind –, werden statt eines Kapitels zur Empirie wesentliche Berichte, Indizes und Akteure dieses Feldes vorgestellt, damit sich die Leser*innen selbst über neuere Entwicklungen informieren können. Beginnen wir also mit der Frage, was überhaupt unter Armut zu verstehen ist.

3. Was bedeutet Armut? Philosophische und sozialwissenschaftliche Perspektiven

Dieses Kapitel legt die begrifflichen Grundlagen für die weiteren Kapitel und soll zugleich ein Verständnis der Terminologie vermitteln, die in der öffentlichen Debatte präsent ist. Nach der Behandlung einer Auswahl von philosophischen Ansätzen werden einige heutzutage gängige Theorien der Sozialwissenschaften vorgestellt.

3.1 Philosophische Armutskonzepte

Die Darlegung philosophischer Armutsdefinitionen hat das Ziel, den Begriff nicht rein auf die operationalisierbaren, auf empirische Erfassbarkeit ausgerichteten Konzepte zu verengen. Die naturgemäß sehr selektive Auswahl folgt dem Kriterium, dass die jeweiligen Theorien nach wie vor für das 21. Jahrhundert Relevanz besitzen und unterschiedliche politische und disziplinäre Perspektiven innerhalb des philosophischen Spektrums widerspiegeln. Leider werden hier ausschließlich Männer zu Wort kommen, worin sich die Machthierarchie zwischen den Geschlechtern bzw. die jahrhundertelange Benachteiligung der Frauen ausdrückt.

Jean-Jacques Rousseau: Armut als prioritäres politisches Problem

Der französische Philosoph Jean-Jacques Rousseau (1712–1778) gilt als scharfer Kritiker des Fortschrittsglaubens der aufgeklärten, zivilisierten Gesellschaft, wobei viele Elemente seiner warnenden Skepsis mit der Thematik der Armut und Ungleichheit verbunden sind. Seine zweiteilige „Abhandlung über den Ursprung und die Grundlagen der Ungleichheit unter den Menschen“ und insbesondere die ersten Zeilen des zweiten Buches sind weit über die Community der Philosoph*innen hinaus bekannt:

> „Der erste, der ein Stück Land eingezäunt hatte und auf den Gedanken kam zu sagen ‚Dies ist mein' und der Leute fand, die einfältig genug waren, ihm zu glauben, war der wahre Begründer der zivilen Gesellschaft. Wie viele Verbrechen, Kriege, Morde, wie viele Leiden und Schrecken hätte nicht derjenige dem Menschengeschlecht erspart, der die Pfähle herausgerissen oder den Graben zugeschüttet und seinen Mitmenschen zugerufen hätte: ‚Hütet euch davor, auf diesen Betrüger zu hören. Ihr seid verloren, wenn ihr vergeßt, daß die Früchte allen gehören und daß die Erde niemanden gehört!'" (Rousseau 2010, 74)

Damit ist zugleich der Grundton seines Essays gesetzt: Das Privateigentum ist die Ursache zahlreicher Missstände wie Armut, Ausschluss und Ungleichheit und stellt eine Bedrohung des sozialen Friedens sowie der Freiheit der Individuen dar. Wie kommt Rousseau zu dieser Diagnose und was ist seines Erachtens dagegen zu tun?

Der Philosoph unterscheidet zwischen natürlicher bzw. physischer und gesellschaftlicher bzw. politischer Ungleichheit. Letztere ist durch Privilegien der einen gegenüber einer anderen sozialen Gruppe bestimmt und wird „durch die Zustimmung der Menschen eingerichtet oder wenigstens gebilligt" (ebd., 31). Rousseaus Analyse zufolge ist es im Ausgangspunkt die erste Form der Ungleichheit, die sich beispielsweise in Unterschieden der Stärke und des Talents ausdrückt, die sukzessive zu Unterschieden hinsichtlich des Vermögens, des Ansehens und damit der gesellschaftlichen Positionierung führt (vgl. ebd., 87). Die graduell differenzierte Ausprägung von Eigenschaften, die zuvor keine Rolle gespielt hat, wird plötzlich gesellschaftlich bedeutsam. In einer Gesellschaft des Privateigentums nehmen die materielle Ungleichheit und damit die Privilegien der Reichen Formen an, die die *Freiheit* der Armen gänzlich zu untergraben droht. Dabei zielt Rousseaus Kritik auf das materielle Elend der Deprivierten und der zunehmenden *Unmöglichkeit, sich als menschliche Wesen zu verwirklichen*. Der „Fähigkeit, sich zu vervollkommnen", die Rousseau zufolge „uns ebenso als Gattung wie als Individuen innewohnt" (ebd., 45), gehen sie verlustig.

Zugleich nimmt er jedoch auch die Konsequenzen der Ungleichheit für die Charaktere der Menschen und die *Gesellschaft als Ganzes* in den Blick: „Konkurrenz und Rivalität auf der einen Seite, Gegensatz der Interessen auf der anderen und immerzu die versteckte Begierde, seinen Gewinn auf Kosten anderer zu realisieren" (ebd., 89) stellen für Rousseau das „unabtrennbare Gefolge der entstehenden Ungleichheit" (ebd.) dar. Indem das Eigentum das Besitzdenken, das Streben nach „Prunk" (ebd., 88) und den „Schein" (ebd.) befördert, werden also auch die zwischenmenschlichen Beziehungen vergiftet. Insofern ist dieser „zivilisierte" Zustand von einem allgemeinen, *Gattungs-Standpunkt* aus betrachtet abzulehnen; auch die unmittelbar Privilegierten könnten zu dieser Einsicht gelangen.

Tatsächlich wäre dies aus Rousseaus Sicht notwendig, insofern der „zivilisierte" Zustand mit einem Verfall sämtlicher positiver Eigenschaften der Menschen einhergeht. Selbst Mitleid – eines der zentralen Begriffe seiner Moralphilosophie – können Menschen nicht mehr empfinden. Dieser „innere Trieb" (ebd., 26) geht zunehmend verloren und wohnt nur noch „in einigen großen kosmopolitischen Seelen" (ebd., 93). Gerade in Bezug auf Armut im Globalen Süden scheint diese Analyse von großer Aktualität, wenn man bedenkt, dass Hunger und absolute Armut trotz des gleichzeitigen Wohlstandes faktisch hingenommen werden.

Die Entwicklung und Etablierung des Privateigentums deutet Rousseau also als eine umfassende *Verfallsgeschichte der Menschheit*. Es entsteht eine Gesellschaft der materiellen Ungleichheit, die zur Deprivation aller positiven Charaktereigenschaften, der Selbstüberhöhung sowie zu Interessengegensätzen zwischen den Gesellschaftsmitgliedern und den Nationen führt. Dieser Diagnose entsprechend sollte Rousseau zufolge die Bekämpfung der materiellen Ungleichheit höchste *Priorität der Politik* sein. Stattdessen jedoch verrechtlichen Politiker diesen

Zustand (vgl. ebd., 113) und tragen damit zu einer Verschärfung der Ungleichheit bei. Hierbei nimmt er auch seine Philosophenkollegen – insbesondere Locke und Hume – in die Verantwortung, die mit ihrer Politischen Philosophie zur Legitimation des bürgerlichen Zustandes beitragen.

Welche Alternative setzt Rousseau dem entgegen? In seiner Abhandlung bleibt er diesbezüglich äußerst vage; deutlich wird nur, dass er nicht für ein „Zurück zur Natur" plädiert, wie er häufig missverstanden wurde. Ihm zufolge ist es – unabhängig davon, ob dies anzustreben wäre – schlicht nicht möglich, Menschen, die den Zivilisationsprozess durchlebt haben, zurück in den (vermeintlichen) Naturzustand zu versetzen (ebd., 133 f.). So kritikwürdig also der gegenwärtige Status auch ist, kann das Rad der Geschichte nicht zurückgedreht werden. Der Mensch ist fortan dazu verdammt, in Gesellschaft zu leben. Wie sollte diese idealerweise ausgestaltet werden?

Vor allem in Rousseaus „Entwurf einer Verfassung für Korsika" und seinem Werk „Vom Gesellschaftsvertrag" findet man hierfür Anhaltspunkte, die die Thematik der materiellen Ungleichheit berücksichtigen. In letzterem formuliert er einen klaren Auftrag an die Politik: „Gerade weil der Lauf der Dinge immer die Zerstörung der Gleichheit bewirkt, muß die Macht der Gesetzgebung stets danach trachten, sie aufrechtzuerhalten" (Rousseau 1989a, 424). Dabei soll garantiert werden, dass die Ungleichheit zwischen den Staatsbürger*innen kein solches Ausmaß erreicht, bei dem die reichen die armen kaufen können (ebd.). Seine Vorschläge für die Ausgestaltung der politischen Ordnung in Korsika sind diesbezüglich sogar noch deutlicher. Rousseau überlegt, wie eine Nation konstituiert und auf ein stabiles Fundament gestellt werden kann; gerade die Untergrabung der Freiheit durch materielle Ungleichheit sieht er hierbei als die größte Bedrohung. Daraus folgert der Philosoph: „Jeder muss leben können, aber niemand darf sich bereichern. Dies ist das Grundprinzip der Wohlfahrt einer Nation, und die von mir vorgeschlagene Ordnung ist ihrerseits so geradewegs wie nur möglich auf dieses

Ziel ausgerichtet“ (Rousseau 1989b, 399). Sicherzustellen, dass jede*r ein materielles Auskommen hat, ist also *oberstes Staatsziel*, auf das alle politischen Handlungen ausgerichtet sein müssen. Dementsprechend qualifiziert es eine Person aus Rousseaus Sicht u.a. für ein politisches Amt, wenn man „empfindlich ist für das Elend der Armen“ (ebd., 411) – auch dies ein Beleg dafür, wie zentral Fragen von Armut und Reichtum Rousseau zufolge für ein Gemeinwesen sind.

Resümierend kann festgehalten werden, dass seine Analyse zahlreiche Perspektiven einbringt, die auch für die heutige Befassung mit Armut von Relevanz sind: vor allem die Erkenntnis, dass sie nicht nur für die unmittelbar Betroffenen mit Entbehrungen einhergeht, sondern *ebenfalls Konsequenzen für die Entwicklung der Individualität der Wohlhabenden, der Gesellschaft und letztlich der Menschheit als Ganzes* zeitigt. Aus dieser Einsicht erwächst letztlich auch sein Plädoyer für eine Priorisierung der Probleme der Armut und Ungleichheit durch die Politik. In Bezug auf die immanente Schlüssigkeit des Werkes sei abschließend noch darauf verwiesen, dass nicht immer trennscharf geschieden wird zwischen einer Kritik an der zunehmenden Vergesellschaftung *an sich* und der *spezifischen* Form der Gesellschaft, nämlich derjenigen, die auf Privateigentum basiert (vgl. ebd. bspw. 2010, 72); dieser sich an manchen Textstellen manifestierende innere Widerspruch in seinem Werk kann jedoch in unserem Kontext ausgeblendet werden.

Abb. 1: Soziale Ungleichheit und Armut

Soziale Ungleichheit

Soziale Ungleichheit bezieht sich auf die unterschiedliche materielle oder immaterielle Ausstattung von Individuen aufgrund gesellschaftlicher Faktoren. Das bedeutet, dass bestimmte Personen über mehr oder weniger Ressourcen verfügen, wie beispielsweise Bildungsniveau und Einkommen, was zu unterschiedlichen Lebensbedingungen und Chancen für Selbstverwirklichung führt (vgl. Hradil 2012, 156).

Ungleichheit kann mittels des Gini-Koeffizienten gemessen werden, der die Verteilung von Vermögen zwischen 0 (alles gleich verteilt) und 1 (alles ungleich verteilt) angibt (vgl. Bundesbank 2023, 27).

Armut

Von Armut betroffen sind Menschen, die nicht in der Lage sind, einen als angemessen betrachteten Lebensstil zu führen und daher in unterschiedlicher Weise von **Entbehrung** betroffen sind. Armut kann auf verschiedene Weisen beschrieben werden, durch: Einkommen (**Ressourcenansatz**), die Unterversorgung in verschiedenen Lebensbereichen (**Lebenslagenansatz**), den Lebensstandard (Deprivationsansatz) oder die ungleichen Möglichkeiten zur Selbstverwirklichung (**Capability Ansatz**). Dabei erfolgt häufig eine Unterteilung in: **Relative Armut**: Dies bezieht sich auf 60 Prozent des Median-Äquivalenzeinkommens einer Bevölkerung.

Absolute Armut: Diese wird definiert als ein Einkommen von weniger als 1,90 US-Dollar pro Tag, was dem Existenzminimum entspricht.

Unterschied:

Armut bezeichnet eine extreme Form der Ungleichheit. Soziale Ungleichheit beschreibt die unterschiedliche Verteilung von Ressourcen.

Quelle: eigene Darstellung nach Hradil 2012, 156; Huster/Boeckh/Mogge-Grotjahn 2018, 150 ff.; Brandenburgische Landeszentrale für politische Bildung 2020/2022; Bundesbank 2023

G. W. F. Hegel: Armut als Ausdruck gesellschaftlichen Unrechts

Georg Wilhelm Friedrich Hegel (1770–1831) gilt als einer der wichtigsten Philosophen des deutschen Idealismus; als Theoretiker der Armut ist er kaum bekannt. Tatsächlich ist für ihn jedoch die wachsende Ungleichheit in der entstehenden bürgerlichen Gesellschaft zentraler Analysegegenstand, da er darin den Keim der Untergrabung von Selbstverwirklichung auf individueller, staatlicher und letztlich menschheitsgeschichtlicher Ebene sieht. Deswegen hat er sich der Frage gewidmet, wie Armut und Reichtum entstehen und wie deren Konsequenzen abgemildert werden können.

Was bedeutet Armut? Für ihn stellt sie einen „Zustande [dar] der ihnen (den Armen, I. S.) die Bedürfnisse der bürgerlichen Gesellschaft läßt und der [...] dagegen sie aller Vorteile der Gesellschaft, Erwerbsfähigkeit von Geschicklichkeiten und Bildung überhaupt, auch der Rechtspflege, Gesundheilsvorsorge, selbst oft des Trostes der Religion usf. mehr oder weniger verlustig macht" (GPR, § 241). In dieser prägnanten Definition finden sich zahlreiche Elemente, die heute – wenn auch in anderen Worten – durchaus Teil unseres Armutsverständnisses bilden. Menschen bewegen sich nicht im luftleeren Raum, sondern in einer konkreten Gesellschaft. Die Wünsche und Bedürfnisse, die sie haben, sind also von dieser geformt: Worin besteht der durchschnittliche Lebensstandard und wo kann der eigene verortet werden? Das oft zu hörende Argument, dass Menschen mit Smartphone nicht als arm bezeichnet werden können, ist damit in einer Gesellschaft der Smartphonebesitzer*innen zurückgewiesen – ebenso wie der Hinweis darauf, dass zum Beispiel Bürgergeld-Empfänger*innen in anderen Ländern reich wären. Arme Menschen leben in *dieser* Gesellschaft und nehmen in ihrer Bedürfnisstruktur auch an dieser Maß; das gedankliche Versetzen in frühere Epochen oder andere Länder tangiert die Bestimmung der *relativen* Armut nicht. Dass damit jedoch keiner unendlichen Steigerungslogik das Wort geredet werden soll, ist mit Blick auf die Klimakrise evident (s. dazu Einleitung).

Auf die Gesellschaft, deren Reichtum und Lebensstandard bezogen, sind von Armut Betroffene ausgeschlossen von den Annehmlichkeiten, die sie anderen eröffnet. Wie Hegel ausführt, betrifft die Exklusion zahlreiche Bereiche. So sind sie im Falle der Arbeitslosigkeit vom Erwerb von Qualifikationen durch Berufspraxis ausgeschlossen; ihre Bildung, Gesundheit und der Zugang zur Justiz können eingeschränkt sein. Eben diesen Zusammenhang bestätigen Studien auch für das 21. Jahrhundert: Von Deprivation Betroffene sind beispielsweise in höheren Bildungseinrichtungen unterrepräsentiert, sie sind von zahlreichen Krankheiten überdurchschnittlich häufig betroffen und sie haben eine kürzere gesunde und allgemeine Lebenserwartung.

Der Zustand der materiellen Exklusion führt also dazu, dass Individuen ihre volle Potenz auf mehreren Ebenen nicht ausbilden können. Da Hegel – analog zu Rousseau – davon ausgeht, dass uns als Menschen ein „Trieb der Perfektibilität" (VPG, 74) innewohnt, stellt diese durch materielle Entbehrung verursachte Einschränkung nicht nur ein privates Problem, sondern ein *gesellschaftspolitisches* dar, das für die Gesellschaft und den Staat als Ganzes relevant ist. „Gegen die Natur kann kein Mensch ein Recht behaupten, aber im Zustande der Gesellschaft gewinnt der Mangel sogleich die Form eines Unrechts, was dieser oder jener Klasse angetan wird. Die wichtige Frage, wie der Armut abzuhelfen sei, ist eine vorzüglich die modernen Gesellschaften bewegende und quälende" (Hegel, GPR, § 244, Zus.). Wegen der Konsequenzen, die Armut für die *Selbstverwirklichung* der Individuen hat, verstößt dieser Zustand gegen die den Menschen inhärente Bestimmung. Wenn er auftritt, weil es keine Versorgungsmöglichkeiten für alle gibt, ist schlicht niemand dafür verantwortlich zu machen. In einer Gesellschaft jedoch wird dieser Zustand zu einem Unrecht, weil er *verursacht* oder zumindest *zugelassen* wird – eine Argumentation, die auch von Rousseau vertreten wird. In diesem Sinne wird den betroffenen Gesellschaftsmitgliedern *Unrecht* zugefügt.

Hinzu kommt ein weiterer Aspekt, der das Problem der Armut umso dringlicher erscheinen lässt. „Die bürgerliche Gesellschaft muß denn alle die dürftigen, ruinierten Familienväter und so eine Menge von Poebel versorgen, oder sie kommt von ihnen in Gefahr“ (Hegel, GSGPR, 630 zu § 255), so führt der Philosoph aus. Auch dies ist ein erstaunlich moderner Gedanke, denkt man beispielsweise an die öffentlichen Debatten um Armut unter dem Gesichtspunkt eines potenziell rechtspopulistischen, antidemokratischen Wählerpotenzials. Auch hier werden Arme als vermeintliche Bedrohung der gesellschaftlichen Stabilität begriffen. Der „Pöbel“, wie Hegel ihn nennt, ist nicht allein durch die soziale Lage, sondern auch durch eine bestimmte *Gesinnung* definiert. Hegel spricht von einer „innere[] Empörung gegen die Reichen, gegen die Gesellschaft, die Regierung usw.“ (Hegel, GPR, § 244 Zus.) sowie von Leichtsinnigkeit und Arbeitsscheu, die er in diesen Schichten verortet (vgl. ebd.). Die Frage, wie gegen Armut Abhilfe geschaffen werden kann, liegt deswegen also in mehrfacher Hinsicht im *allgemeinen* Interesse.

Jedoch: „Die Frage wie der Armuth zu helfen ist, ist sehr schwer zu beantworten“ (GSGPR, § 245, 611). Hegel diskutiert in seinen Werken relativ ausführlich zahlreiche mögliche Gegenmaßnahmen, die seines Erachtens jedoch alle an gewisse Grenzen stoßen. Da Armut in diesem Buch nicht nur in Bezug auf Deutschland, sondern auch weltweit behandelt werden soll, ist eine von Hegel bei der Besprechung der Linderungsmöglichkeiten implizit eingeführte Unterscheidung von besonderer Bedeutung. Diese entspricht – selbstredend abermals in anderen Worten – unserer heutigen Differenzierung zwischen *absoluter und relativer Armut* (s. S. 56): Erstere Form, die Armut des Hungernden, muss unbedingt beseitigt werden, da sie das Selbstverwirklichungsrecht der Betroffenen absolut negiert und die Stabilität der Gesellschaft und des Staates untergräbt. „Der Mensch welcher verhungert, hat das absolute Recht das Eigentum eines Andern zu verletzen, er verletzt das Eigenthum eines Anderen nur nach einem beschränkten Inhalt, im Nothrecht aber liegt daß er nicht das Recht des Anderen als Recht verletzt. Das Interesse ist nur auf dieß Stückchen Brodt gesetzt, er behandelt den Anderen nicht rechtlos" (GSGPR, § 127, 341, Orthographie i.O.). Das Recht des Hungernden wird vollständig missachtet, während der Diebstahl zwar das Eigentum einer anderen Person negiert, jedoch nur in punktueller Hinsicht, wie das Beispiel des Brotes zeigt. Insofern ist die Untergrabung des Existenzrechts durch Hunger also bedingungslos – sogar um den Preis der Verletzung eines der für Hegel höchsten Rechtsgüter – zu verhindern.

Als gemilderte, relative Form ist sie hinzunehmen. Hegel ist kein Verfechter von materieller Gleichheit und dementsprechend sind mögliche Bekämpfungsstrategien gegen Armut hinsichtlich ihrer Wirkweise zu beurteilen. U.a. werden künstliche, sprich nicht den Marktgesetzen folgende Schaffung von Arbeitsplätzen, die Einführung von Gemeineigentum, die (stärkere) Besteuerung von Vermögenden, Formen von Kolonisation sowie private Spenden diskutiert und verworfen. Um Armut dauerhaft – ohne permanenten und damit paradoxerweise institutionalisierten Rechtsverstoß – zu lindern, sieht Hegel nur einen gangbaren Weg: Das Existenzminimum der Menschen muss durch eine elementare *sozialpolitische Infrastruktur* gesichert werden. „Die polizeiliche Aufsicht und Vorsorge hat den Zweck, das Individuum mit der allgemeinen Möglichkeit zu vermitteln, die zur Erreichung der individuellen Zwecke vorhanden ist. Sie hat für Straßenbau, Brückenbau, Taxation der täglichen Bedürfnisse sowie für die Gesundheit Sorge zu tragen" (Hegel, GPR, § 236, zus.; vgl. auch Hegel, GPR, § 249). Der Staat muss sich darum kümmern, dass alle Individuen auf bestimmte Einrichtungen und Leistungen zurückgreifen können, die nicht automatisch durch das Wirken der Marktgesetze erbracht werden. Dabei hat die Eindämmung der Armut auf ihre relative Form durch den Sozialstaat nicht nur positive Auswirkungen auf die materielle Lage der Armen, sondern sorgt zugleich in ideeller Hinsicht für eine *Vermittlung* zwischen von

Armut Betroffenen und dem Allgemeinen: Der Staat tritt als Fürsorgestaat all seiner Bürger auf; die Entstehung eines „empörten“ Pöbels wird unwahrscheinlicher.

Hegels Verständnis, so kann resümiert werden, beinhaltet bereits zahlreiche begriffliche Grundlagen unseres heutigen Denkens über Armut. Er zeigt auf, dass Individuen als soziale Wesen immer im Kontext ihrer konkreten Gesellschaft zu sehen sind und Armut insofern keine absolute, orts- und zeitlose Kategorie darstellt. Neben der Vielschichtigkeit der individuellen Auswirkungen von Armut wird außerdem deutlich, dass auch Gesellschaft und Staat als Ganzes ein Interesse an ihrer Linderung haben müssen; Armut stellt aus Hegels Sicht eine die *Allgemeinheit* „quälende“ Frage dar – eine Annahme, die uns selbstverständlich erscheinen mag, allerdings keineswegs von allen noch zu behandelnden Denkern geteilt wird.

Karl Marx und Friedrich Engels: Armut als notwendige Erscheinung des Kapitalismus

Für Karl Marx (1818–1883) und Friedrich Engels (1820–1895) stellen die Phänomene Armut und Reichtum zentrale Triebfedern ihres wissenschaftlichen und politischen Engagements dar. Dabei lassen sich einige Parallelen zu Rousseau und Hegel finden, wobei sie sich jedoch – insbesondere hinsichtlich des Armutsverständnisses sowie der Lösungsstrategien – deutlich von beiden abgrenzen.

Wie dargestellt, unterscheidet Hegel zwischen dem Hungernden, dem er sogar ein Recht zum Eigentumsverstoß zuspricht, und dem relativ Armen, der durch sozialstaatliche Leistungen praktisch und ideell in die Gesellschaft zurückgeführt werden kann. Bei Marx und Engels findet eine andere Differenzierung der Armutsformen statt, die zugleich eine *Ausweitung* darstellt. Zum einen existiert den beiden zufolge Armut als „Pauperismus“ (Marx, Kapital I, MEW 23, 673 f.), von dem all diejenigen betroffen sind, die zwar auf Geldverdienen durch Lohnarbeit angewiesen sind, jedoch arbeitslos und damit gänzlich mittellos sind. Zum anderen sind jedoch auch die „normalen“ Lohnarbeiter, die einer Beschäftigung nachgehen, als arm einzustufen. Wer der Arbeiterklasse angehört, wird als „doppelt freier Lohnarbeiter“ bezeichnet, nämlich „frei in dem Doppelsinn, daß er als freie Person über seine Arbeitskraft als seine Ware verfügt, daß er andrerseits andre Waren nicht zu verkaufen hat, los und ledig, frei ist von allen zur Verwirklichung seiner Arbeitskraft nötigen Sachen“ (Marx, Kapital I, MEW 23, 183).

Das erste Moment der Freiheit bezeichnet den auch von Marx und Engels so begriffenen menschheitsgeschichtlichen Fortschritt in der Überwindung des Feudalismus, der alle Menschen als Rechtspersonen anerkennt. Mit dieser rechtlichen Freiheit geht jedoch auch Mittellosigkeit einher, sodass dieses zweite Moment der Freiheit durchaus zur Untergrabung der ersteren geeignet scheint. Die materielle Exklusion des deswegen auf Lohnarbeit angewiesenen Beschäftigten begründet den kommunistischen Theoretikern zufolge, weswegen Arbeiter im Kapitalismus *an sich* arm sind: „Im Begriff des freien Arbeiters liegt schon, daß er Pauper ist: virtueller [der Möglichkeit nach] Pauper. Er ist seinen ökonomischen Bedingungen nach bloßes lebendiges Arbeitsvermögen, also auch mit den Bedürfnissen des Lebens ausgestattet. Bedürftigkeit nach allen Seiten hin, ohne objektives Dasein als Arbeitsvermögen zur Realisierung desselben. Kann der Kapitalist seine Surplusarbeit nicht brauchen, so kann er seine notwendige nicht verrichten; seine Lebensmittel nicht produzieren“ (Marx, Grundrisse, MEW 42, 505). Die abhängig Beschäftigten sind auf die Beschäftigung angewiesen, jedoch gibt es keine Garantie, dass sie auch einen Arbeitsplatz finden. Das *Gewinninteresse der Unternehmen* ist die conditio sine qua non, an dem sich ihr Interesse an einem Lebensunterhalt entscheidet.

Bleiben sie arbeitslos, werden sie als Pauper Teil der „Überbevölkerung“ (Marx, Kapital I, MEW 23, 673 f.). Finden sie eine Beschäftigung, erhalten sie einen Lohn und können damit den Ausschluss von den von ihnen produzierten Waren in der Höhe ihres Lohnes überwinden. Dass die Produkte von der Arbeiterklasse als Ganzes hergestellt werden und die abhängig Beschäftigten also einen Teil „ihrer" Waren „zurückkaufen", ist Marx und Engels zufolge ein Moment der dem Kapitalismus inhärenten Ausbeutung. Je kleiner dabei der Lohn, also der Anteil am Produkt ist, desto größer der kapitalistische Gewinn. Aufgrund dieser ihnen zukommenden Rolle kann Armut also per definitionem *innerhalb* dieses Systems nicht überwunden werden. Hinzu kommt, dass das Arbeiten für ein Unternehmen an sich als gegensätzlich zum Leben begriffen wird: „Er arbeitet, um zu leben. Er rechnet die Arbeit nicht selbst in sein Leben ein, sie ist vielmehr ein Opfer seines Lebens" (MEW 6, Lohnarbeit, 400). Das eigentliche Leben beginnt erst da, „wo diese Tätigkeit aufhört, am Tisch, auf der Wirtshausbank, im Bett. Die zwölfstündige Arbeit dagegen hat ihm keinen Sinn als Weben, Spinnen, Bohren usw., sondern als Verdienen, das ihn an den Tisch, auf die Wirtshausbank, ins Bett bringt" (ebd., 400 f.). Das Einkommen zum Leben zu verdienen, stellt also das einzige Interesse der abhängig Beschäftigten dar; die Arbeitszeit ist damit reiner Abzug vom eigentlichen Leben.

Welche Möglichkeiten gibt es, um diesen Dimensionen der Armut entgegenzuwirken? Sozialpolitische Gegenmaßnahmen, wie sie Hegel vorschweben, stellen für die beiden kommunistischen Theoretiker keine Lösung dar, insofern diese die prinzipielle Armut der Lohnabhängigen lediglich abmildern und damit auf Dauer stellen. Dementsprechend lehnen sie es grundsätzlich ab, sich an Parteien und den Staat zu wenden (Marx, Randglossen, MEW 1, 400 f.). Vielmehr plädieren Marx und Engels für eine *Überwindung des Kapitalismus* durch eine neue Art des Produzierens, die vor allem durch die Abschaffung des Privateigentums an Produktionsmitteln gekennzeichnet ist. Neben der Radikalität kennzeichnet Marxens und Engels Antwort auf Armut vor allem ein zentrales Moment, das sie von allen anderen Denkern und Konzepten außerhalb des kommunistischen Spektrums unterscheidet. Die Fragen von Armut und Reichtum werden nicht als Problem der *Distribution* begriffen, indem beispielsweise eine Umverteilung durch Steuerpolitik o.Ä. gefordert wird. Vielmehr ist für die beiden die *Produktionsweise* der Waren das bestimmende Moment der Wirtschaft, aus der sich die ungleiche Verteilung und damit die Spaltung zwischen Arm und Reich notwendigerweise ergibt (Marx, Gothaer Programm, MEW 19, 22).

Bei der Beurteilung dieser Analyse muss der zeitliche Kontext berücksichtigt werden. Im „Manchesterkapitalismus" gab es keinerlei rechtliche und sozialstaatliche Schutzmaßnahmen, sodass Arbeitende aufgrund des ohne Schranken waltende Gewinninteresses in den Fabriken tatsächlich als billiges Ausbeutungsmaterial benutzt wurden. Breites Anschauungsmaterial zu den katastrophalen Umständen, die zur Abnahme der Lebenserwartung bis hin zur zunehmenden Untauglichkeit der Männer für das Militär führten, findet sich in Marxens Hauptwerk, insbesondere dem ersten Teil des „Kapitals". Auch hinsichtlich der Tätigkeit darf bezweifelt werden, dass Arbeitende die verschleißende und monotone Fabrikarbeit als sinnstiftend erlebt haben. Hinsichtlich des 21. Jahrhunderts erscheinen diese Ausführungen jedoch antiquiert – zumindest innerhalb des Globalen Nordens. Löhne und Gehälter reichen hier im Durchschnitt für mehr als nur das Nötigste und Arbeitszeiten sowie -umstände sind umfassend gesetzlich reguliert und sozialstaatlich abgefedert. Außerdem wird der Beruf heutzutage keineswegs nur als Abzug vom eigentlichen Leben begriffen. Es erscheint im Gegenteil selbstverständlich, den Arbeitsplatz als Teil der Selbstverwirklichung – bzw. umgekehrt bei Nichterfüllung in den „Bullshit-Jobs" – den fehlenden Sinn als eines der zentralen Probleme zu begreifen.

Anders stellt sich die Situation allerdings im *Globalen Süden* dar. Die Rolle der Menschen, die auf Lohnarbeit angewiesen sind, lässt sich in einigen Staaten auch im 21. Jahrhundert durch die gegebenen Bestimmungen charakterisieren. Neben den Arbeitsbedingungen, die im Katastrophenfall wie periodisch auftretenden Fabrikbränden in Bangladesch auch einer breiten Weltöffentlichkeit bekannt werden, trifft das auch auf die zahlreichen „Überflüssigen" zu. „Überflüssig" sind diese Menschen nicht an sich, sondern sie sind es aus Sicht der Wirtschaft, die sie nur unter der Bedingung der Rentabilität beschäftigen. Insofern scheint es trotz der Antiquiertheit der Ausführungen für den Globalen Norden mit Blick auf Armut weltweit nach wie vor sinnvoll, sich mit Marxens und Engels Theorie auseinanderzusetzen.

Henry Odera Oruka: Armut als Verstoß gegen das Recht auf ein menschliches Minimum

Der kenianische Philosoph Henry Odera Oruka (1944–1995) gilt als Begründer einer neuen, universalistischen Ethik, deren zentraler Wert *globale Gerechtigkeit* darstellt. Ähnlich wie Immanuel Wallerstein, jedoch aus der Perspektive der praktischen Philosophie, verweist er auf die wechselseitige Abhängigkeit und Interdependenz in der heutigen Welt, die eine singuläre Betrachtung einer einzelnen Nation oder Person wenig sinnvoll erscheinen lassen. Aufgrund dieser *Verflochtenheit* sollte die Betrachtung der Armut immer auch mit einer des Reichtums einhergehen. Sein Verständnis von Armut und davon, welche Konsequenzen sich aus dem Prinzip der Interdependenz für die staatliche Entwicklungshilfe sowie den individuellen Konsum ergeben, wird im Folgenden erläutert.

Zunächst verortet sich Oruka wissenschaftstheoretisch. Er bekennt sich zu einer „normativen Ökonomie" (Odera Oruka 2000, 7) und plädiert angesichts der Wichtigkeit wirtschaftlicher Themen für den Alltag der Menschen dafür, dass sich alle – und nicht nur Ökonom*innen – mit ihnen beschäftigen (ebd., 6). Dabei widmet sich die Ökonomie „ethischen Fragen nach der Legitimität des Erwerbs und Transfers von Reichtum" genauso wie der Frage „der Wiedergutmachung vergangenen und gegenwärtigen moralischen Unrechts" (ebd.). Unrecht kann sowohl im nationalen als auch globalen Kontext geschehen. Wie eingangs erwähnt, kann in einer interdependenten Welt Armut also nicht analysiert werden, ohne sich auch mit Reichtum zu beschäftigen – und zwar verstanden als zwei Seiten einer Medaille, die sich wechselseitig bedingen. Dabei muss der gegenwärtige Zustand auch hinsichtlich seiner Genese betrachtet werden, weil Armut und Reichtum Resultat historischen Unrechts sein können, das nur durch einen Blick in die Vergangenheit als solches zu erkennen ist. Dieses Argument kann in seiner Bedeutung für heutige Diskurse kaum überschätzt werden. So wird armen afrikanischen Staaten häufig vorgeworfen, von korrupten Eliten regiert zu werden, in Clankriminalität und Ressourcen-Kriege zu versinken und also selbst Schuld am Scheitern zu tragen. Dabei wird jedoch übersehen, dass sich viele der Konflikte auf Machenschaften der Kolonialherren zurückführen lassen, indem beispielsweise gemäß dem Prinzip „Teile und herrsche" Grenzen und Institutionen in neugeschaffenen Nationen bewusst gezogen und geschaffen wurden, um die Saat für zukünftige Auseinandersetzungen zu streuen. Das historische Unrecht entschuldigt kein aktuelles Missverhalten; aber ohne diese Kontextualisierung ist das Bild von heute massiv verfälscht.

Und so muss auch von der vergangenen Bereicherung des Globalen Nordens am Globalen Süden gesprochen werden, um die gegenwärtige Armut zu verstehen. Damit geht auch einher, was uns später bei Peter Singer begegnen wird: Aufgrund der geschichtlichen Verursachung stellt internationale Hilfe keine Wohltätigkeit, keinen „Gefallen" (Oruka 2000, 8) dar, sondern eine *Pflicht* der reichen Staaten, die sich aus dem Prinzip der globalen Gerechtigkeit ergibt. Dieses Prinzip verpflichtet wohlhabende Nationen „als eine Art unbedingte moralische Pflicht der Humanität, den armen Nationen zu helfen" (ebd., 9). Die Ausbuchstabierung dessen, was unter „globaler Gerechtigkeit" zu verstehen ist, steht letztlich im Zentrum seiner Philosophie der Armut. Oruka zufolge bedeutet es die Anerkennung dessen, dass jede Person qua „Mitglied der menschlichen Spezies und nicht einfach als Bürger eines gegebenen Staates" (ebd., 10) ein Recht auf ein menschliches Minimum hat. Dieses umfasst das Recht auf Leben, auf Gesundheit und Subsistenz. Seine Erfüllung steht vor allem anderen, weil es einem Menschen nur dadurch ermöglicht wird, im eigentlichen Sinne Person zu sein, also „seine Fähigkeit zu einem rationalen und selbstbewussten Leben" (ebd., 11) zu entwickeln. Das *Recht auf ein menschliches Minimum* darf also keinem Individuum versagt werden. Daraus ergibt sich für wohlhabende Staaten und Individuen die Pflicht zur Unterstützung all derer, die gegenwärtig unterhalb dieses Minimums leben müssen. Nationen haben kein Recht auf „nationalen Überfluss" (ebd., 15) und Einzelindividuen keines auf „Überkonsum" (overconsumption) (Oruka 1997, 265), während andere hungern müssen.

Dabei findet sich in Orukas Argumentation ein Motiv, das bereits bei Rousseau anzutreffen ist: Menschen, die dem Überkonsum und dem ausschweifenden Genuss, dem „overenjoyment" (ebd., 266), frönen, versagen damit nicht nur anderen Individuen der menschlichen Gattung ihr Recht und üben damit globales Unrecht aus. Sie schädigen letztlich auch *sich selbst*, insofern ihr Lebensstil „dehumanisierend" (dehumanising) (ebd., 267) wirkt. Interessant mit Blick auf gegenwärtige Debatten ist hierbei, dass Oruka seine Kritik am übermäßigen Konsum im Globalen Norden mit ökologischen Aspekten verbindet.

Wie auch bei Marx oder Singer begegnet uns mit Oruka also ein Philosoph, der mit seiner Analyse einen *praktischen* Anspruch verbindet. Menschen wird in unserer Welt massenhaft das Recht auf ein menschliches Minimum versagt und damit permanentes Unrecht an ihnen verübt. Folgt man dieser Diagnose nicht, so müssen Argumente für das vermeintliche Vorrecht der anderen gefunden werden: Lässt es sich rechtfertigen, dass die einen hungern, während die anderen im Wohlstand und teilweise auch in großen Reichtum leben? Oder dehumanisiert dieser Zustand letztlich nicht auch die Wohlhabenden? Diesen Fragen muss man sich mit Oruka stellen – Fragen, die vermutlich nicht nur aufgrund seiner Unbekanntheit „im Westen" viel zu selten aufgeworfen werden.

Friedrich August von Hayek: Armut statt autoritäre Knechtschaft

Friedrich August von Hayek (1899–1992) war ein österreichischer Ökonom und Sozialphilosoph, der zu den wichtigsten Denkern des Liberalismus im 20. Jahrhundert zählt. Sein Verständnis vom Verhältnis von Ökonomie und Staat, insbesondere von sozialpolitischen Interventionen und damit auch von Armut und materieller Ungleichheit üb(t)en enormen Einfluss aus und polarisieren bis heute in Politik und Wissenschaft.

Dem Ökonomen zufolge handelt es sich beim Kapitalismus um ein Wirtschaftssystem, das die Bedürfnisbefriedigung der meisten befördert (vgl. Hayek 1981, 95). Nichtsdestotrotz ist die materielle Verteilung zwischen den Gesellschaftsmitgliedern höchst unterschiedlich. Diese Differenzen stellen die „Resultate der spontanen Ordnung des Marktes“ (ebd., 93) dar. Auf dem Markt existiert kein „denkendes Wesen“ und insofern gibt es auch keine „absichtlichen Willensakte“ (ebd.), die die ein oder andere Person bevorzugen würden. Die *Abstinenz eines planenden Subjekts mit Intention* stellt für Hayek ein Argument gegen jegliche Forderung nach sozialer Gerechtigkeit dar. Weil „der Markt“ als bewusstes, einheitlich agierendes Wesen nicht vorhanden ist, handelt es sich bei entsprechenden Forderungen um einen unsachgemäßen „Anthropomorphismus“, der dem „naive(n) Denken“ (ebd.) zuzuordnen ist. Die Resultate der materiellen Verteilung mögen ungleich sein; da sie sich jedoch im *freien* Bemühen der Marktteilnehmer um ihr Wohl ergeben, sind sie als solche auch hinzunehmen. Keiner hat sie intendiert, keiner ist für sie in die *Verantwortung* zu nehmen und niemand kann insofern ohne systemverändernde Konsequenzen Abhilfe schaffen.

Hayek blendet bei seiner Legitimation von Armut und Ungleichheit durch den Wirkmechanismus des Marktes keineswegs aus, dass Gesellschaftsmitgliedern unterschiedliche Eigenschaften zukommen und sie also höchst ungleich auf dem Güter- und Arbeitsmarkt auftreten. Neben Glück und Zufall (vgl. 2003, 136 f.) entscheiden vor allem durch das Erbrecht bedingte unterschiedliche Ausgangsbedingungen (ebd.) über die gesellschaftliche Positionierung in der Marktwirtschaft.

Würde der Staat jedoch korrigierend eingreifen, beschränkt das die Freiheit und stellt insofern den „Weg in die Knechtschaft" dar. Tatsächlich liegen für Hayek hier – also in dem Versuch, Maßstäbe der distributiven Gerechtigkeit geltend zu machen – die Ursprünge sozialistischer Systeme, die er mit *Totalitarismus* gleichsetzt. Denn die Verstaatlichung der Produktionsmittel, zumeist als Kernelement des Sozialismus genannt, sei faktisch lediglich Mittel im Bemühen, *soziale Gerechtigkeit* herzustellen (vgl. 1981, 96). Dadurch werden das freie Wirken des Marktes und letztlich auch die Freiheit des Einzelnen zerstört. Aus dem Vorhaben, an einer Stelle korrigierend einzugreifen, entwickelt sich sukzessive eine Art *Allzuständigkeit*, bis die Wirtschaft gänzlich der staatlichen Gewalt unterworfen ist. Diese Tendenzen sind Hayek zufolge nicht nur bei den Linken, sondern in allen politischen Strömungen auszumachen, weswegen er eines seiner Hauptwerke „Der Weg zur Knechtschaft" „Den Sozialisten in allen Parteien" (2003) widmet.

Die „ganze Philosophie des Individualismus" (2003, 85) richtet sich gegen diese notwendig autoritären Bestrebungen und damit auch *gegen für eine ganze Gesellschaft allgemeinverbindliche Maßstäbe*, die durch die Politik geltend gemacht werden müssten. Ein Gesellschaftssystem, in dem Zufall und Glück entscheidende Faktoren sind, ist deswegen einem solchen vorzuziehen, in dem eine „Privatansicht über das, was recht und wünschenswert ist, andere tyrannisiert" (ebd., 136). Soziale Gerechtigkeit durch Umverteilung durchzusetzen, hieße eben, eine *private* Ansicht über (Un-)Gerechtigkeit gewaltsam geltend zu machen. Insofern ist aufgrund des höheren Grades an Freiheit die Position des Armen in kapitalistischen Systemen trotz der materiellen Entbehrungen besser als in sozialistischen: „Gewiß ist in der Marktwirtschaft die Wahrscheinlichkeit des Reichwerdens für einen Armen weit geringer als für jemanden, der Vermögen geerbt hat. Abgesehen davon aber, daß auch der

Arme reich werden kann, ist die Marktwirtschaft das einzige Wirtschaftssystem, in dem dies lediglich von ihm und nicht der Gunst der Mächtigen abhängt und in dem niemand ihn an dem Versuch hindern kann, reich zu werden“ (ebd., 136). Die *Freiheit* aller Marktteilnehmer stellt für Hayek den zentralen Wert dar, hinter dem alle anderen Anliegen und Beurteilungen von Missständen zurücktreten. Gegenüber einem anderen System hat dies außerdem den Vorteil, dass kein Regierungshandeln für materielle Missstände zur Verantwortung gezogen werden kann; die Menschen finden sich deswegen, so Hayek, „ohne Zweifel viel leichter mit der Ungleichheit ab“ (ebd., 141).

Wichtig ist außerdem – und hier unterscheidet er sich von sehr vielen anderen, nicht (neo-)liberalen Denkern –, dass das Auftreten von Armut Hayek zufolge partiell auch positiv beurteilt werden kann, insofern sie einen Anreiz zu wirtschaftlicher Tätigkeit setzen; umgekehrt bedeutet Reichtum, dass Arbeitsplätze geschaffen werden und insofern den Armen durch Einkommenserwerb geholfen wird. Armut und Reichtum wirken also stimulierend auf das Wachstum einer Nation. Jedoch wird der Liberale häufig missinterpretiert, wenn ihm deswegen die gänzliche Ablehnung jeglicher sozialstaatlichen Maßnahmen unterstellt wird. In einigen seiner Werke plädiert er explizit für sozialstaatliche Unterstützungsleistungen, sofern diese sich auf Schicksalsschläge wie Krankheit und Unfall beziehen und der marktwirtschaftliche Wettbewerb dabei nicht außer Kraft gesetzt wird (vgl. ebd., 158). Armut durch staatliche Intervention zu bekämpfen bzw. soziale Gerechtigkeit durch politische Maßnahmen durchsetzen zu wollen, wird von ihm abgelehnt; eine *Basisversorgung* gegen von den Individuen nicht zu verantwortende Wechselfälle des Lebens sind mit seinem Konzept des Liberalismus durchaus zu vereinbaren.

Kritisch kann konstatiert werden, dass Hayek die sich sachzwanghaft ergebenden Resultate des Marktes normativ auflädt. Insofern die Bewährung auf dem Markt eine bestimmte materielle Verteilung ergeben hat, ist diese auch zu akzeptieren. Weil die Institution des Marktes so wirkt, sei es auch gut so – so wird das reale Wirken zur normativ aufgeladenen Berufungsinstanz. Weswegen jedoch spricht der Hinweis auf das unintendierte Zustandekommen der Distribution gegen ein korrigierendes Eingreifen? Sind die jeweiligen Resultate wie Armut und Reichtum allein wegen ihres unbewussten Zustandekommens durch die Sachgesetzte des Marktes als bestmöglich hinzunehmen? Oder könnte nicht mit gleichem Recht umgekehrt für ein steuerndes Eingreifen plädiert werden, insofern Menschen mit Willen und Bewusstsein ihre Wertvorstellungen auch in der Sphäre der Ökonomie geltend machen können?

In dieser Hinsicht stellen Hayeks Ausführungen das genaue Gegenteil von Rousseaus und Hegels Analyse dar. Für Letztere bedeutet Armut Unrecht, sofern sie in einem gesellschaftlichen Zustand auftritt, weil sich die Gesellschaft aus dem Zusammenwirken von Individuen konstituiert. Diese sind frei in ihrem Tun und insofern auch darin, welche Institutionen sie sich geben, wie sie ihre Ökonomie betreiben und welche Rolle die Menschen dabei spielen. Wenn in einem solchen Zustand Armut auftritt, die er mit dem unintendierten, von niemanden gewollten Zustand des Mangels im Sinne von ungenügenden Ressourcen kontrastiert, wird dies zugelassen, weswegen an den davon Betroffenen Unrecht verübt wird. Hayek hingegen sieht den Markt als den Gesellschaftsmitgliedern entzogenen Wirkmechanismus, für den niemand verantwortlich gemacht werden kann. Damit ist Armut letztlich ein hinzunehmender Zustand, der nur um den Preis der Freiheit bekämpft werden könnte.

Thomas Pogge: Armut als Verstoß gegen Menschenrechte

Der in Deutschland geborene und in den USA lehrende Thomas Pogge (*1953) ist einer der weltweit einflussreichsten Philosophen der Gegenwart, die sich mit Fragen globaler Gerechtigkeit und insofern mit dem Thema Armut beschäftigen. Auch er beansprucht, mit seinen Arbeiten nicht nur die Gründe für Armut, Wohlstand und Ungleichheit zu analysieren, sondern

Vorschläge zur Änderung der Lage in die öffentliche Debatte einzubringen. Wie bei Singer (s.u.) und anderen handelt es sich bei Pogge also um einen Intellektuellen, der intervenierend zu einer modifizierten politischen Praxis beitragen möchte.

Thomas Pogge beruft sich in seinem wohl berühmtesten Werk „Weltarmut und Menschenrechte“ nicht explizit auf Immanuel Wallerstein oder Henry Odera Oruka; inhaltlich liegt seiner Analyse aber dieselbe Prämisse zugrunde: Wir leben in einem global vernetzen System, in dem die Geschehnisse in einer Nation nicht sinnvoll begriffen werden können, ohne auch den *weltweiten* Kontext zu berücksichtigen. Gerade für ärmere Staaten gilt, dass sie „von der Struktur der internationalen Ordnung und auch der nationalen Institutionen mächtigerer Staaten abhängen“ (Pogge 2011, 47). Deswegen ist ein „holistisches Verständnis“ (ebd.) notwendig, um die Lebensbedingungen in einzelnen Staaten zu begreifen. Pogge wendet sich entsprechend gegen vermeintliche Erklärungen von Armut und dem Zustand von Staaten, die lediglich *nationale* Faktoren wie Korruption, mangelnde Kompetenz der Eliten oder illegitime Herrschaftsausübung berücksichtigen (vgl. ebd., 35). Analysen dieser Art, die als *„explanatorische(r) Nationalismus“* (ebd., 21, Hervorh. i. O.) bezeichnet werden können, nehmen die mächtigen Staaten aufgrund eben dieses massiven Einflusses im von ihnen konstituierten Weltsystem zu sehr aus der Verantwortung.

Übersehen wird dabei, dass weniger wohlhabende Staaten in ihrer politischen Herrschaft und ökonomischen Einbindung gänzlich von der Anerkennung der reichen Nationen abhängen. Letztere treiben beispielsweise Handel, insbesondere in Form des Imports von Rohstoffen, und vergeben bilaterale Kredite; sie bestehen auf die Bedienung der Schulden und setzen mit ihren Leitzinsentscheidungen Bedingungen für die wirtschaftlichen Konjunkturen der ärmeren Länder. Dadurch üben sie nicht nur unmittelbare Macht etwa durch die Höhe des Zinses aus, sondern sie stiften auch Anreize für politische Instabilität in

Form von Machtkämpfen und Putsche, insofern die Ausübung der Regierungsmacht mit der Möglichkeit der Bereicherung zusammenfällt (vgl. ebd. 141 ff.).

Ähnlich wie bei der Theorie der „imperialen Lebensweise" (s. Kapitel 4.3) weist auch Pogge darauf hin, dass dieses Verhältnis zwischen den Staaten logischerweise einhergeht mit einem *Nutzen für die Bevölkerung des Globalen Nordens*: Durch die vorteiligen Handelsbeziehungen, den Rohstoffimport etc. bzw. generell die große Abhängigkeit der ärmeren Staaten profitieren wir Bürger*innen von diesem Weltsystem und insofern auch von der politischen Instabilität und der Armut des Globalen Südens (vgl. ebd., 34). Wir sind „Unterstützer und Profiteure" (ebd., 148) dieser Armut verursachenden globalen Ordnung und wir beauftragen unsere Regierungen damit, für unsere eigene Nation und damit unseren eigenen Lebensstandard möglichst vorteilhafte Bedingungen durchzusetzen. Dadurch nehmen wir ein *Vorrecht* gegenüber den Armen dieser Welt in Anspruch, ohne auch nur „die richtigen Fragen" (ebd., 180) zu stellen: „Was berechtigt eine kleine globale Elite – die Bürger der reichen Länder *und* die Inhaber der politischen und wirtschaftlichen Macht in den rohstoffreichen Entwicklungsländern – dazu, eine globale Eigentumsordnung durchzusetzen, in der wir die Rohstoffe dieser Welt für uns beanspruchen und diese in gegenseitigem Einvernehmen für uns aufteilen dürfen?" (ebd., 180, Hervorh. i. O.). Es ist diese „Gedankenlosigkeit" (ebd., 184), die dem Philosophen zufolge „das gemeinsame Moment" zwischen unserem Verhältnis zum politischen System und demjenigen der Deutschen in der Zeit des Nationalsozialismus darstellt (vgl. ebd.).

Was wäre dem entgegenzusetzen? Pogge grenzt sich explizit von einer Kritik ab, die den freien Welthandel allgemein ablehnt; stattdessen müssten die Märkte der wohlhabenden Staaten offener sein, um durch eine anders gestaltete Globalisierung allen Menschen den Zugang zum weltweiten Wachstum zu gewähren (vgl. ebd., 23). Dabei stellen – ähnlich wie bei Oruka – die elementaren Menschenrechte seinen normativen Bezugspunkt zur Beurteilung bzw. Reformierung des gegenwärtigen Weltsystems dar. Obwohl seine Kritik also einerseits auf *radikale Reformen des aktuellen Institutionsgefüges* zielt, betont er, sich dabei innerhalb des westlichen Wertekosmos zu befinden: „Ich berufe mich auf den Kern dieser (der im Westen vorherrschenden, I. S.) Moral, nämlich auf den Gedanken, dass es falsch ist, unschuldige Menschen um kleiner Vorteile willen schwer zu schädigen“ (ebd., 40). Unsere eigenen Werte ernst genommen, so lässt sich Pogge verstehen, müssten wir alle – trotz unserer ökonomischen Vorteile – für eine politische Neugestaltung eintreten, wodurch die basalen Menschenrechte aller verwirklicht werden würden. Insbesondere muss allen der Zugang zu Grundgütern gewährt werden, sodass Menschen „ihre eigene ethische Weltanschauung entwickeln, vertiefen und verwirklichen können“ (ebd., 66) – ein dem Philosophen zufolge existentielles Bedürfnis eines jeden.

Konkret plädiert er u.a. dafür, das *Rohstoffprivileg* für autoritäre Herrscher abzuschaffen. Letztere sollen nicht länger qua Machtübernahme über die Ressourcen des jeweiligen Landes verfügen dürfen, was sie heute durch faktische Anerkennung in Form von Handelsbeziehungen tun (vgl. ebd., 205 ff.). Eine ähnliche Interventionsmöglichkeit ergibt sich durch das Versagen des „*Kreditprivilegs*“, wenn Putschisten eine Verschuldung bei internationalen Kreditgebern nicht gewährt wird (vgl. ebd., 194). Neben diesen restriktiven Maßnahmen im Verhältnis der wohlhabenden zu den armen Staaten kann sich einer an den elementaren Menschenrechten orientierten globalen Ordnung auch angenähert werden, indem eine *globale Rohstoffdividende* eingeführt wird. Diese sieht die Einschränkung des Eigentumsrechts des jeweiligen Staates über seine Ressourcen vor, um den Profit aus der Ausbeutung allen Menschen zu ermöglichen (vgl. ausführlich ebd., 245 ff.).

Pogge entwickelt außerdem die Idee eines „*Health Impact Fund*“ (vgl. 269 ff.), wodurch Patente auf medizinische Produkte nicht abgeschafft, aber deren Wirkung kompensiert werden soll. Staaten würden hierbei zehn Jahre lang Geld an Pharmaunternehmen zahlen, die ein wirksames Medikament entwickelt haben. Diese müssten sich im Austausch dazu verpflichten, den Zugang zu dem Produkt global sicherzustellen und nach Ablauf der zehn Jahre der Herstellung von Generika zuzustimmen. So wären weiterhin Anreize zur Forschung gegeben und der Nutzen für alle potenziellen Patient*innen sichergestellt.

Insgesamt zeichnet sich Pogges Analyse vor allem dadurch aus, dass sie philosophische Betrachtungen mit konkreten Interventionsvorschlägen verbindet. Seine Kritik der Armut stützt sich auf fundierte philosophische Überlegungen, ohne dadurch abgehoben vom tatsächlichen politischen System zu erscheinen. Dementsprechend klar sind seine Reformvorschläge, die viel Raum für Diskussion bieten: Kann die Armut des Globalen Südens wirklich durch eine verstärkte Öffnung der Märkte der wohlhabenden Staaten gelindert werden oder würde der modifizierte Zugang kaum Vorteile mit sich bringen angesichts der Ermangelung an konkurrenzfähigen Waren? Ist es möglich, auf die Einrichtung eines Weltstaates zu verzichten und dennoch die Konkurrenz zwischen den Nationen so weit abzuschwächen, dass nicht weiterhin die von Pogge so treffend beschriebene Logik des Nationalismus zu einer Durchsetzung der mächtigen auf Kosten der anderen Staaten führt? Sollen westliche Staaten durch das Versagen des „Rohstoffprivilegs" faktisch darüber entscheiden können, welche Regierungen im Globalen Süden (ill-)legitim sind? Viele weitere Diskussionspunkte ließen sich an dieser Stelle anführen; es wäre im Interesse einer tatsächlichen Bekämpfung der Armut, diese Debatten in der politischen und öffentlichen Arena ernsthaft zu führen.

Peter Singer: Armut als Sorgegegenstand eines jeden privilegierten Individuums

Der australische Philosoph Peter Singer (* 1946) ist vor allem für seine Tierrechtsethik sowie seine Positionen hinsichtlich extremer Armut weltweit bekannt. Dabei hat sein Konzept des

Speziesismus aufgrund der (vermeintlichen) Konsequenzen für beispielsweise behinderte Menschen erhebliche Kritik auf sich gezogen – ein wichtiger Aspekt seiner praktischen Philosophie, der an dieser Stelle jedoch ausgeblendet werden muss. Im Kontext dieses Buches beschäftigen wir uns lediglich mit dem zweiten zentralen Thema seiner Arbeit. Bereits 1972 veröffentlichte der Philosoph unter dem Titel „Famine, Affluence, and Morality" einen Aufsatz, der seitdem mehrmals neu aufgelegt wurde und nach wie vor Singers Schlüsseltext in der Auseinandersetzung mit Armut und Hunger darstellt. Zahlreiche der darin entwickelten Argumente werden in leicht geänderten Varianten u. a. in seinem Buch und der Kampagne „The life you can save. How to do your part to end world poverty" (www.thelifeyoucansave.org/the-book/; Zugriff: 14.7.2024) dargelegt.

Armut und Hunger verpflichten Singer zufolge uns alle zu einer radikalen Veränderung unserer Moral sowie unseres Lebens. Singers Moralphilosophie ist also ein praktisch-politischer Anspruch immanent. Er möchte „mit philosophischem Handwerkszeug die wichtigen ethischen Fragen in Angriff nehmen, mit denen ich mich in meinem eigenen Leben konfrontiert" (Singer 2017, 12) sehe, so erläutert er in der Einleitung zur deutschen Neuauflage sein Anliegen. Philosophie soll also alltagsrelevante Fragen aufgreifen und sich nicht in den Elfenbeinturm zurückziehen. Inwiefern und mit welchen Konsequenzen, soll im Folgenden dargestellt werden.

Eine Person kommt an einem seichten Teich vorbei, in dem ein Kind offenbar gerade zu ertrinken droht. Sie könnte es ohne größere Probleme um den Preis von schmutzigen Kleidern retten – was sollte sie tun (vgl. ebd., 36)? Dies ist das inzwischen berühmte „Teichbeispiel", durch das Singer verdeutlichen möchte, dass „unser Verständnis moralischer Fragen insgesamt – unser Konzept von Moral – verändert werden muss, und mit ihm die Lebensweise, die wir in unserer Gesellschaft für selbstverständlich halten" (ebd., 34). Vermutlich niemand würde es als zu rechtfertigen ansehen, dass jemand den Tod eines Kindes in

Kauf nimmt, da ansonsten die Kleidung schmutzig wird oder im schlimmsten Fall zu entsorgen ist. Die Disparität der beiden Dinge bzw. die außer Zweifel stehende größere Bedeutung des Lebens des Kindes entspricht unserer Moralvorstellung. Geschieht jedoch nicht das gleiche jeden Tag, wenn wir bedenken, dass Millionen von Menschen an Hunger und Armut leiden und also ums Überleben kämpfen, während wir uns schöne Kleidung und unzählige andere nicht notwendige Dinge kaufen? Sollten wir unser Einkommen – bis zu einer gewissen Grade – nicht spenden, um das Leben der Menschen in extremer Armut zu retten? Ist also die faktische *Gleichzeitigkeit* von einem materiell guten Leben und Hunger als analog zum ertrinkenden Kind und der Verantwortung der potenziell rettenden Person im Teichbeispiel einzustufen?

Singer bejaht diese Frage. Weder die räumliche Distanz noch der Unterschied, dass hinsichtlich der Armut alle wohlhabenderen Menschen, beim Teichbeispiel jedoch nur die zufällig vorbeilaufende Person, handeln können, sind Argumente gegen die *Hilfspflicht*. Dabei ist „Pflicht" in seiner Moralphilosophie ein wichtiges Wort. Weder Menschen zu retten durch das Waten in den Teich noch durch Spenden stellen altruistischen Wohltaten dar, durch die sich jemand als besonders engagiert auszeichnet. Vielmehr sind wir dazu verpflichtet, Menschen in Not zu helfen (vgl. ebd., 42). Unsere gewöhnliche Terminologie rund um Spenden und Wohltätigkeit – die wir auf die Teichsituation nicht, bezüglich Charity aber durchaus anwenden – verrät also das *Ungenügen unseres moralischen Koordinatensystems*. Diese „unbequemen Schlussfolgerungen" (ebd., 17), zu denen seine Analyse führt, bedeuten seines Erachtens, dass wir „unser Leben, unsere Gesellschaft und unsere Welt grundlegend verändern" (ebd., 36 f.) müssen. Es ist nicht zu rechtfertigen, dass Teile der Menschheit in großem Reichtum leben, während andere ums Überleben kämpfen. Angesichts der Ausmaße des Wohlstands auf der einen und der Armut auf der anderen Seite bedeutet die Pflicht zur Hilfe eine umfassende Modifikation des

Lebens der ersteren. Singer zufolge müssen wir uns fragen, welche unserer Ausgaben wirklich notwendig sind und auf welche Dinge wir verzichten können, um sie zu spenden. Auf diese Weise wird der „Grenznutzen" (Singer 2021, 28) ausgelotet, nämlich der Punkt, „an dem sich der eigene Verlust und der Gewinn für den Spendenempfänger die Waage halten" (ebd.). Faktisch würde dies darauf hinauslaufen, einen Großteil des eigenen Einkommens und Vermögens zu *spenden*, da es angesichts der globalen Ungleichheit natürlich sehr lange dauert, bis beide Seiten gleichgestellt werden. In den Urlaub zu fahren, einen Staubsauger oder auch nur eine Schokolade zu kaufen, ist – die Kriterien strikt angewendet – nicht zu rechtfertigen, solange andere Menschen eine Mahlzeit oder eine Impfung für denselben Preis benötigen.

Die „unbequemen Schlussfolgerungen" für das praktische Leben einer jeden Person im Globalen Norden haben sich in den letzten Jahren unter dem Begriff des *Effektiven Altruismus* in der philosophischen Debatte etabliert. Dieser bezieht sich nicht nur auf die Ausgaben, sondern geht in seinen Forderungen viel weiter. So sollte auch die *Berufswahl* „effektiv" gestaltet werden, indem Altruisten so viel Geld wie möglich verdienen, um es dann spenden zu können (ebd., 56 ff.). Entsprechend existieren inzwischen mehrere Organisationen, die Berufsberatung für effektive Altruisten anbieten; so sollen das Geldverdienen und das Spenden nach rationellen Kriterien erfolgen. Auch das Spenden von Blut, Stammzellen und Knochenmark bis hin zur Niere (ebd., 93) ist für Vertreter*innen der von Singer inspirierten Bewegung geboten; schließlich schadet man sich dadurch selbst nicht bzw. ist eine Schädigung extrem unwahrscheinlich. Im Kapitel über die Gegenmaßnahmen wird der „Effektive Altruismus" als eine mögliche Gegenmaßnahme kritisch diskutiert (vgl. 5.2).

Papst Franziskus: Armut als Zeichen gesamtgesellschaftlicher und individueller moralischer Verkommenheit

Jorge Mario Bergoglio bzw. Papst Franziskus (* 1936) ist die vermutlich wirkmächtigste gegenwärtige moralische Stimme im Kampf gegen Armut. Keine andere öffentliche Person steht so sehr für Engagement gegen soziale Exklusion und Hunger wie er. Der „Papst der Armen" besuchte ein Flüchtlingslager auf Lampedusa, eine Favela in Brasilien und widmet sich diesem Thema in zahlreichen seiner Reden und Lehrschreiben. Deswegen soll seine Analyse hier dargestellt werden, zumal dadurch auch eine *theologische* Deutung der Armut Raum bekommt.

Das 2018 veröffentlichte Lehrschreiben „Evangelii Gaudium", das eine Art „Regierungserklärung" des Pontifex acht Monate nach seiner Wahl darstellt, widmet sich unterschiedlichsten Themen, dabei vor allem im zweiten und vierten Teil der Armut und Ungleichheit in der Welt. Bekanntheit erlangte es vor allem wegen des Satzes „Diese Wirtschaft tötet". Wie also deutet Papst Franziskus Armut, welche Ursachen macht er für sie aus und wie wäre aus seiner Sicht Abhilfe zu schaffen?

„Man muss kämpfen, um zu leben – und oft wenig würdevoll zu leben" (Evangelii Gaudium 2013, 35). so die Diagnose des Papstes aus Argentinien in seinem Lehrschreiben. Diese verbindet er mit einer radikalen Kritik an der heutigen Wirtschaftsform: „Diese Wirtschaft tötet. Es ist unglaublich, dass es kein Aufsehen erregt, wenn ein alter Mann, der gezwungen ist, auf der Straße zu leben, erfriert, während eine Baisse um zwei Punkte in der Börse Schlagzeilen macht. Das ist Ausschließung. Es ist nicht mehr zu tolerieren, dass Nahrungsmittel weggeworfen werden, während es Menschen gibt, die Hunger leiden. Das ist soziale Ungleichheit" (ebd., 36). Die *Gleichzeitigkeit von Armut und Reichtum*, die umfassende Exklusion breiter Teile der Weltbevölkerung sowie die Disparität in der Gewichtung von Problemen bringen Franziskus zu einer Ablehnung dieser Ökonomie.

Dabei kritisiert er zwar auch explizit die Wirtschaftswissenschaften, namentlich beispielsweise die Trickle-down-Theorie (ebd.), die Annahme, dass gesamtgesellschaftliches Wachstum sukzessive zu vergrößertem Wohlstand aller Schichten, also auch der Ärmeren, führt. Tatsächlich handelt es sich bei seiner Analyse aber nicht um eine ökonomische, die primär (vermeintliche) marktwirtschaftliche Gesetzmäßigkeiten beurteilt. Vielmehr wird der Fokus – gemäß seiner Verortung in der Theologie – auf die „anthropologische Krise“ gelegt, die durch ein fatales *Zusammenspiel* von menschlichem (Fehl-)Verhalten und der Funktionsweise der Wirtschaft verursacht wird. So haben wir es heute mit *egoistischen* Menschen zu tun (ebd., 37), die unfähig sind, „Mitleid zu empfinden gegenüber dem schmerzvollen Aufschrei der anderen“ (ebd.) – ein Motiv, das sich bereits bei Rousseau findet. Diese „Globalisierung der Gleichgültigkeit“ (ebd.) geht damit einher, *Geld* als höchsten Zweck zu verehren und nur noch die eigene Bereicherung bzw. den *Konsum* zu fokussieren. Als zentralen Motor der sich verschärfenden globalen Ungleichheit macht er diese egoistische Gesinnung aus, die sich die entsprechenden *Institutionen* geschaffen hat. So dienen die Instrumente des Finanzmarktes der Auslebung dieser Gier (ebd., 38), die Korruption führt zur Bereicherung einiger weniger und das Gemeinwohl wird sukzessive untergraben (ebd.).

Mit dieser Verortung der Armuts- und Ungleichheitsursachen ist auch die *Therapie* vorgezeichnet, die Papst Franziskus vorschwebt. Er zielt auf das *Mindset* der Mächtigen in Politik und Wirtschaft: „Eine Finanzreform, welche die Ethik nicht ignoriert, würde einen energischen Wechsel der Grundeinstellung der politischen Führungskräfte erfordern, die ich aufrufe, diese Herausforderung mit Entschiedenheit und Weitblick anzunehmen, natürlich ohne die Besonderheit eines jeden Kontextes zu übersehen. Das Geld muss dienen und nicht regieren! Der Papst liebt alle, Reiche und Arme, doch im Namen Christi hat er die Pflicht daran zu erinnern, dass die Reichen den Armen helfen, sie achten und fördern müssen. Ich ermahne euch zur uneigennützigen Solidarität und zu einer Rückkehr von

Wirtschaft und Finanzleben zu einer Ethik zugunsten des Menschen“ (ebd., 39). Diese Wirtschaft tötet also zuvorderst deswegen, weil die ökonomisch und politisch Mächtigen und letztlich auch breite Teile der Bevölkerung ihre eigene Bereicherung bezwecken und dabei dem Leiden der hiervon Exkludierten gleichgültig gegenüberstehen; dementsprechend kann sich dieser Zustand nur ändern, wenn sich etwas an der Einstellung der Menschen ändert. Eine „neue Mentalität“ (ebd., 121) hat dem Geld eine dienende Rolle zuzuordnen und das Wohl aller zum Maßstab zu machen.

Diese Aufgabe stellt sich allen: den Menschen, die dem „Konsumismus“ (ebd., 40) frönen, der Politik (ebd., 118) und natürlich auch der Kirche bzw. allen Christen (ebd.). Dabei lehnt Papst Franziskus die herrschende Wirtschaftsform nicht gänzlich ab; Armut und Ungleichheit wären nicht notwendig, wenn das Geld wieder seine ursprüngliche, untergeordnete Rolle hätte. Denn die „Solidarität ist eine spontane Reaktion dessen, der die soziale Funktion des Eigentums und die universale Bestimmung der Güter als Wirklichkeiten erkennt, die älter sind als der Privatbesitz. Der private Besitz von Gütern rechtfertigt sich dadurch, dass man sie so hütet und mehrt, dass sie dem Gemeinwohl besser dienen“ (ebd., 122). Private Bereicherung und Armutsbekämpfung müssen sich also nicht ausschließen, ganz im Gegenteil: Richtig verstanden dient die Mehrung des Privatbesitzes dem gesamtgesellschaftlichen Wachstum und damit dem Wohl aller.

Diese Rechtfertigung des Geldes bzw. des Privatbesitzes kann aus zwei Richtungen kritisiert werden. Zum einen scheint es schwer, einen Punkt des *Umschlages* auszumachen: Wann ist das Streben nach Bereicherung *gemeinwohldienlich* und wann schlägt es um in einen Ausdruck von egoistischem Konsumismus und Gier? Diese Problematik kann auch anhand der vom Pontifex immer wieder angeführten (vermeintlich) schädlichen Rolle der Finanzmärkte verdeutlicht werden. So ist es zweifellos richtig, dass diese sich gegenüber der produktiven Wirtschaft verselbstständigt haben und nicht alle finanzkapitalistischen Instrumente der allgemeinen Wirtschaft nützlich sind. Zugleich dient die Geldvermehrung in dieser Sphäre dem gesamtgesellschaftlichen Wachstum: Durch den Finanzmarkt vermögend werdende Individuen kurbeln mit ihrer Nachfrage die Ökonomie an und Firmen können ihre Investitionsmittel vergrößern und dadurch wiederum Arbeitsplätze schaffen. Wo schlägt also Gemeinwohldienlichkeit in es schädigendes Verhalten um?

Zum anderem verweisen diese Ausführungen des radikalen Kritikers des Kapitalismus jedoch auf einen Punkt, der im Umkreis der Wachstumskritik sehr häufig übersehen wird: Sich – sei es als Privatperson oder Unternehmen – um die eigene Bereicherung bzw. den Gewinn zu kümmern, ist in dieser Gesellschaft in den meisten Fällen tatsächlich gemeinwohldienlich. Schließlich führt dies zu höheren Konsumausgaben, mehr Arbeitsplätzen (ebd., 131) und dadurch zu höheren Steuereinnahmen des Staates. Der Staat profitiert vom gesamtgesellschaftlichen Wachstum, kann sich zu besseren Bedingungen an den Finanzmärkten verschulden und dadurch sowie durch Steuereinnahmen in die Bildung, die Gesundheitsversorgung etc. investieren. In diesem Sinne ist es zutreffend, Geldverdienen und Beförderung des Allgemeinen in eins zu denken.

Insgesamt kann festgehalten werden, dass Papst Franziskus eine deutlich konträre Position zu marktliberalen Denkern wie Hayek einnimmt. Dennoch wäre es falsch, seine Analyse etwa mit der Marxschen Kritik am Kapitalismus gleichzusetzen: Während für diese Armut systemimmanent notwendig ist und sich diese Notwendigkeit aus den (vermeintlichen) Sachgesetzen dieser Wirtschaft ergibt, wäre Franziskus zufolge die wachsende Ungleichheit und Armut durch eine Kombination aus Verhaltensänderungen und strukturellen Reformen wie der des Finanzmarktes zu bekämpfen. Die Bedürfnisstruktur der Menschen zu kritisieren, kennzeichnet dabei seine genuin moralische Perspektive; die Verknüpfung mit der Funktionsweise der

Ökonomie hebt diese Argumentation über eine rein moralische Anklage hinaus. So sehr er dabei ein fundamentaler Kritiker dieser Ökonomie ist, sieht er doch auch deren bessere Möglichkeit: „Ich bin überzeugt, dass sich von einer Öffnung für die Transzendenz her eine neue politische und wirtschaftliche Mentalität bilden könnte, die helfen würde, die absolute Dichotomie zwischen Wirtschaft und Gemeinwohl zu überwinden" (ebd., 132).

Valentin Beck: Armut als Frage der globalen Verantwortung

Der Philosoph Valentin Beck hat 2016 „Eine Theorie der globalen Verantwortung" vorgelegt, wobei der Untertitel seines Werkes die wesentliche Stoßrichtung der Studie auf den Punkt bringt: „Was wir Menschen in extremer Armut schulden". Er möchte in seinem Werk zeigen, „dass wir durchaus soziale Hintergrundstrukturen berücksichtigen und uns aktiv zu ihnen verhalten müssen, wenn wir ein im moralischen Sinn gutes Leben führen wollen" (Beck 2016, 9). Dabei verhalten wir uns letztlich immer aktiv zu unseren Lebensumständen, denn auch Unterlassen und Nicht-Reflektieren stellen faktisch ein bestimmtes Verhalten dar (vgl. ebd., 31). Wie Peter Singer hat seine Theorie also auch einen *praktischen* Anspruch und möchte zur Verhaltensänderung beitragen. Menschen sollen reflektieren, wie sie leben und ob dieses Leben angesichts des Hungers und der Armut in der Welt moralischen Anforderungen genügt. Für die Philosophie bzw. Wissenschaft bedeutet dies, dass sie nicht nur beschreiben, was ist, sondern auch die normative Frage nach dem *Sollen* aufwerfen (vgl. ebd., 58).

Was bedeutet seines Erachtens Armut und wie begründet Beck die angesprochene Verantwortlichkeit? Beck zufolge ist Armut ein „normativer Begriff" (ebd., 12), insofern mit der Kategorisierung einer Person als arm ein Werturteil darüber einhergeht, was Menschen brauchen bzw. wann umgekehrt von einer Mangelsituation gesprochen werden kann. Neben dem reinen Einkommen gehen in die Definition auch Faktoren wie

Zugang zu Gesundheitsversorgung und sauberem Trinkwasser ein (vgl. ebd.). Ein rein monetärer Indikator greift also zu kurz, zumal entsprechende Kategorisierungen wie beispielsweise die durch die Weltbank vorgenommene häufig auf einer fragwürdigen Datenlage beruhen und dazu geeignet sind, eine „Fortschrittsillusion“ (ebd., 178) zu erzeugen. So können kleinste Veränderungen in den Daten den Eindruck erwecken, dass Armut tatsächlich bekämpft wird, obwohl sich im Leben der Menschen kaum etwas geändert hat. Die Konsequenzen der Covid-Pandemie und des Ukraine-Krieges konnten von Beck noch nicht berücksichtigt werden, haben jedoch drastisch gezeigt, wie sehr die auf vermeintlich positiven Statistiken beruhenden Fortschrittsmeldungen substanziell gesehen „Illusionen“ sind.

Wer ist also *Träger der Verantwortung* gegenüber den von Armut Betroffenen und weswegen? Beck verortet sie vor allem bei den „Bessergestellten und nicht zuletzt den Menschen in wohlhabenden Ländern“ (ebd., 14), also letztlich bei uns allen. Dabei leben gerade Staatsbürger*innen des Globalen Nordens in Nationen, die demokratisch verfasst und also für Mitgestaltungsmöglichkeiten offen sind und denen außerdem großer Einfluss im internationalen Gefüge zukommt (ebd., 265 ff.). Dieses globale Geflecht ist es auch, das Beck zufolge die Verantwortung inhaltlich begründet. Wir leben in und von einer globalen Arbeitsteilung, befinden uns also in *ökonomischer* Interdependenz. Hinzu kommt die *ökologische* Verflechtung, nämlich die durch zahlreiche Studien inzwischen belegte Tatsache, dass vor allem die Bewohner*innen des Globalen Südens bereits jetzt unter den Konsequenzen der Klimakrise leiden, die vor allem durch den Globalen Norden verursacht wurde (vgl. auch Kapitel 4.4 in diesem Buch). Beziehungen der Verantwortlichkeit sind demzufolge auf unterschiedlichen Ebenen anzusiedeln, insofern wir sowohl als *Individuen* als auch als Teil von *Kollektivsubjekten* wie Nationen in entsprechende ökonomische und ökologische Zusammenhänge eingebunden sind (vgl. ebd., 92 ff.). So agieren wir beispielsweise als Tourist*innen und Konsument*innen sowie als Angehörige von Nationen innerhalb von globalen Organisationen wie der UNO und internationalen Wirtschaftsbeziehungen. Dieses individuelle und institutionelle Geflecht von Beziehungen, mit denen Verantwortung für die soziale Lage der Menschen einhergeht, wird in der Alltagsmoral von den unterschiedlichen Akteuren ausgeblendet (ebd., 92). Das ist, so Beck, nicht neutral zu konstatieren, sondern „kritikbedürftig“ (ebd.).

Hinsichtlich des Verhaltens von Privatpersonen und internationalen Organisationen, also der institutionellen Ebene, schlägt Beck vor, *basale Menschenrechte* zum normativen Maßstab der Beurteilung heranzuziehen. Diese sind insbesondere tauglich zur Beurteilung der Handlung von Verantwortungsträgern, weil sie hinsichtlich ihrer Rechtfertigung offen für unterschiedliche – beispielsweise „naturrechtliche[.], anthropologische[.], utilitaristische[.] und konstruktivistische[.]“ (ebd.) – Begründungen und insofern anschlussfähig für unterschiedlichste philosophische und selbst religiöse (vgl. ebd., 233) Ausrichtungen sind. Außerdem sind sie Beck zufolge als „kulturneutral“ (ebd., 228) einzustufen, also nicht als verschleierndes Instrument westlicher Vorherrschaft, wie eine häufige Kritik an den Menschenrechten lautet. Dieser Vorwurf übersieht, dass eine etwaige Berufung auf Menschenrechte als Machtpolitik in der gegenwärtigen Politik zwar vorkommt, aber den genuinen Charakter der Menschenrechte unberührt lässt. Auch die – in diesem Fall partikulare, westliche – Genese sagt dem Autor zufolge nichts über die Sache selbst. Elementarste Menschenrechte sind also offen für unterschiedlichste Rechtfertigungen und sie dienen als eine Art „Minimalstandard“ (ebd., 26), insofern darunter Grundgüter wie Einkommen, Besitz, Sicherheit und Bildung gefasst werden (vgl. ebd., 186). Nach Beck zählen alle Dinge dazu, die „unverzichtbare Allzweckmittel für ein gutes und selbstbestimmtes Leben“ (ebd., 187) sind. Dadurch wird auch der Armutsbegriff näher ausbuchstabiert. Gemessen wird der Zustand eines Menschen daran, ob dieser ihm ein selbstbestimmtes, an den Vorstellungen des Guten orientiertes Leben ermöglicht.

Beck leitet aus seiner Analyse *politische* Konsequenzen ab. So müssen seines Erachtens Fragen der globalen Armut in allen Politikfelder eine größere Rolle spielen (ebd., 30); so soll ein „*Mainstreaming* des Faktums der Weltarmut" (ebd., Hervorh. i.O.) – analog zum Gender Mainstreaming – etabliert werden. Konkret kann die Übernahme der globalen Verantwortung durch die Bürger*innen der wohlhabenden Staaten auf drei Ebenen stattfinden. Sie können auf Reformen innerhalb internationaler Organisationen und Institutionen, der „eigenen" innerstaatlichen sowie derjenigen der von Armut betroffenen Länder hinwirken (ebd., 254). Hinsichtlich des eigenen nationalen Gefüges bedeutet dies beispielsweise, die Konsequenzen der Politik auf Menschen in Armut zu reflektieren (vgl. ebd.).

Da sein Konzept hinsichtlich der Betonung der globalen Verantwortlichkeit der wohlhabenden Bürger*innen und Staaten sowie des damit verbundenen politischen Anspruches deutlich an Peter Singers Theorie erinnert, soll noch kurz Becks Abgrenzung zu diesem Philosophen dargelegt werden. Wie dargestellt, fordert Singer uns dazu auf, einen substanziellen Anteil unseres Einkommens zu spenden. Beck zufolge muss eine Antwort auf die Frage, was wir Menschen in extremer Armut schulden, „komplexer" (ebd., 288, Fußnote 38) ausfallen. U.a. wirft er Singer vor, eine „zu individualistische Konzeption" (ebd., 327) zu vertreten, bei der bestehende politische und ökonomische Strukturen unhinterfragt hingenommen werden und damit die Verantwortung rein auf das Einzelsubjekt verlagert wird. Wie dargestellt, sind wir als Individuen aber nicht nur Personen mit einem Einkommen, das wir mehr oder weniger sinnvoll bezüglich der existierenden Armut ausgeben können, sondern wir sind beispielsweise auch Bürger*innen, die sich zivilgesellschaftlich engagieren können.

Das theoretische und praktische Hinterfragen dieser Strukturen ist es also, was Beck mit seinem philosophischen und zugleich politisch motivierten Werk erreichen möchte. Menschen in wohlhabenden Staaten sollen die *Mehrdimensionalität* ihrer Verantwortlichkeit verstehen, die sich sowohl auf die eigenen unterschiedlichen Rollen als auch auf verschiedene Akteure wie Staaten und Unternehmen bezieht. Beck ist damit einer der wenigen deutschen Philosoph*innen, die globale Armut zum zentralen Thema ihrer wissenschaftlichen Arbeit machen und auch vor einem normativen und politischen Anspruch nicht zurückschrecken. Die Übernahme von Weltarmutsverantwortung, so Beck, ist „kontinuierlich von sich selbst und von anderen einzufordern“ (ebd., 343).

Resümee

Wie eingangs erwähnt, konnte hier nur eine kleine Auswahl an sozialphilosophischen Theorien zur Armut aufgegriffen werden. Die vorgestellten Konzepte können keinerlei Repräsentativität beanspruchen; dennoch wurde versucht, exemplarisch Ansätze auszuwählen und dadurch einen breiteren Eindruck von Gemeinsamkeiten und Unterschieden in der sozialphilosophischen Besprechung von Armut zu vermitteln. So steht Friedrich August von Hayek als Beispiel für die *liberale* Tradition, in die sich viele andere Denker*innen sowie auch deren Fortentwicklung durch libertäre Anarchisten wie Robert Nozick einordnen lassen. Ein Spezifikum dieser Tradition besteht in ihrer Ablehnung von allgemeinen *Gerechtigkeitsmaßstäben* für die politische und gesellschaftliche Allgemeinheit. Der Staat soll der Freiheit der Individuen verpflichtet sein; politische Instrumente zur vermeintlichen Herstellung von distributiver Gerechtigkeit arten in Totalitarismus aus. Armutsbekämpfung durch Umverteilung stellt dementsprechend keine politische Priorität dar bzw. wird in den meisten Fällen sogar abgelehnt.

Damit stellt die liberale Tradition ein Extrem dar, deren Gegenpol im *kommunistischen* Spektrum – hier repräsentiert durch Karl Marx und Friedrich Engels – zu verorten ist. Marx und Engels zufolge ist die kapitalistische Gesellschaft per se als ungerecht zu beurteilen; politische Umverteilungsmaßnahmen werden nicht wegen ihres potenziell autoritären Charakters abgelehnt, sondern weil sie innerhalb der Logik des Systems verbleiben. Sie können Armut nur abmildern, aber nichts an der prinzipiellen Ausbeutung der arbeitenden Klasse ändern.

Zwischen diesen Extremen existieren viele Theorien, die aus unterschiedlichsten Perspektiven alle ein Wesenskern auszumachen scheint: die Frage nach der *Legitimierbarkeit* von Armut auf der einen und Wohlstand auf der anderen Seite. Lässt es sich rechtfertigen, dass Individuen an Hunger leiden, während andere einen hohen Lebensstandard ohne materielle Sorgen genießen? Dabei beziehen manche eine globale Perspektive, wohingegen andere Armut (und Reichtum) als Analysegegenstand ausschließlich national fassen. Dieser Unterschied in der *Reichweite* der Theorie kann ein Stück weit – wenn auch nicht in allen Fällen, wie die hier nicht behandelte, aber sehr einflussreiche Theorie der Gerechtigkeit von John Rawls zeigt – mit dem Entstehungszeitraum erklärt werden. Je globalisierter unsere Welt, desto mehr handelt es sich um ein „Weltsystem" im Sinne Wallersteins, in dem die wirtschaftlichen Gegebenheiten in einer Nation nur durch deren Kontextualisierung in der ökonomischen und politischen Hierarchie der Staatenwelt und damit durch deren globalen Abhängigkeiten und Gestaltungsmacht begriffen werden können.

Die behandelten Theorien unterscheiden sich außerdem hinsichtlich dessen, wen sie *adressieren*: Während einige diese Frage vor allem auf individueller Ebene aufwerfen, stellen andere den Staat oder Nationen als Kollektivsubjekte möglicher *Verantwortlichkeit* in den Mittelpunkt ihrer Analyse. Für Singer und den effektiven Altruismus beispielsweise soll Armut vor allem durch ein ethisches Leben der Einzelnen bekämpft werden, konkreter: durch die Spendenbereitschaft der Privatsubjekte, die also nicht primär als politische Subjekte, sondern als Bourgeoise angesprochen werden. Andere, wie Beck und Pogge, appellieren zwar ebenfalls an den Einzelnen, jedoch weniger als wirtschaftlich handelnde Person denn als Bürger*in, der/die sich um die Gestaltung des Gemeinwesens kümmert. Denn es sind ebendiese politischen Entitäten, die in der globalen Arena stellvertretend für die Bürger*innen eines Landes ökonomische und strategische Interessen geltend machen und insofern für internationale Handelsbedingungen etc. verantwortlich sind.

Einig scheinen sich sowohl alle klassischen als auch die gegenwärtigen Theoretiker*innen hinsichtlich ihres *normativen* Anspruches, was angesichts des zunehmend verbreiteten Anspruchs der Werturteilsfreiheit keineswegs selbstverständlich ist, vermutlich aber mit dem Gegenstand der Analyse zu erklären ist. Alle sind sich einig darin, dass Armut einen – an dieser Stelle bewusst abstrakt gefassten – Zustand darstellt, der mit Entbehrungen für das davon betroffene Individuum bzw. den Staat einhergeht; insofern ist das Konstatieren von Armut immer auch mit der Frage verbunden, wer oder was diesen Zustand verursacht hat und wie er beendet werden kann. Dies eint letztlich auch diejenigen Ansätze, die die Abschaffung der Armut als keine politische Aufgabe anerkennen, denn diese bestreiten in der Regel, dass von Armut gesprochen werden kann und bezeichnen den jeweiligen Zustand bspw. als einen solchen der Ungleichheit. Das Attribut „arm“ scheint also auch für sie „heikel“ zu sein. Es drückt implizit eben eine Kritik am Status Quo aus und wirft damit die Frage der Bekämpfung auf.

Zentral erscheint mir außerdem die Erkenntnis, dass Armut nicht nur ein Problem für die unmittelbar davon Betroffenen bedeutet, sondern bereits Rousseau und Hegel sowie später zahlreiche andere auf die Konsequenzen für die Gesellschaft und den Staat als Ganzes verweisen. Das Gemeinwesen – gerade ein solches, das den Anspruch hat, eines aller seiner Bürger*innen zu sein – bleibt von den unterschiedlichen Formen der Exklusion einiger seiner Angehörigen nicht unberührt. Es muss sich einerseits fragen lassen, inwiefern es seinem Anspruch gerecht wird, und andererseits kann Armut zum sozialen Sprengstoff werden, sodass es selbst dadurch von Instabilität betroffen ist. Aber auch reiche Personen, so einige der hier vorgestellten Theorien, werden durch die Existenz von Armen herausgefordert, weil sie die Fragen nach der Legitimität ihres Lebensstandards im Vergleich zu den anderen und der Konsequenzen für ihre eigene Selbstentfaltung aufwerfen.

All diese Punkte finden sich letztlich auch in der gegenwärtigen Diskussion um Armut und Reichtum, auch wenn in den „modernen“ Ansätzen häufig im engen Sinne empirische Ansätze vorherrschen. Auch der Vermessung der Armut heute liegen Armutsdefinitionen und damit explizit oder implizit zumeist auch normative Prämissen zugrunde.

3.2 Sozialwissenschaftliche Konzepte

Im Folgenden werden nun die wichtigsten sozialwissenschaftliche Konzepte vorgestellt, die in Studien zum Thema Armut verwendet werden.

Absolute und relative Armut

Zu Beginn ist hier die Unterscheidung zwischen relativer und absoluter beziehungsweise extremer Armut zu nennen, welche national als auch international als Standardunterscheidung im Diskurs über Armut bezeichnet werden kann.

Relative Armut bedeutet, dass der Lebensstandard einer Person im Verhältnis zu der Gesellschaft, in der sie lebt, betrachtet wird. In jeder Gesellschaft gibt es zu einer bestimmten Zeit einen allgemeinen Lebensstandard, der als „normal“ und insofern als Bezugsgröße für die Erfassung von „Abweichungen“ gilt. Haben Menschen im Verhältnis zum mittleren Lebensstandard weniger materielle Mittel zur Verfügung, dann gelten sie als arm. Relative Armut bedeutet also gerade in reichen Ländern nicht, dass die davon Betroffenen ums Überleben kämpfen müssen, aber sie sind – ausgehend von der materiellen Schlechterstellung – in zahlreichen Sphären des Lebens benachteiligt bis exkludiert. Das Ausmaß der Ausschließung bemisst sich in der jeweiligen staatlichen Umgangsweise damit (vgl.

Hauser 2018, 152), wodurch sich eine Verbindung zwischen Armut von Individuen und solcher von Staaten ergibt.

In der Europäischen Union hat sich die definierte Armutsgrenze von 60 Prozent des Medianeinkommens durchgesetzt. Der Median bzw. Mittelwert als Referenzgröße bedeutet, dass die Gesamtgröße der Haushalte in zwei gleich große Teile geteilt wird, sodass Verzerrungen durch einzelne sehr arme oder sehr reiche Haushalte verhindert werden. Würde hingegen das Durchschnittseinkommen herangezogen werden, könnte der Zuzug einzelner Individuen einen großen und damit verzerrenden Effekt auf die Einschätzung des allgemeinen Lebensstandards und der Abweichungen hiervon ausüben.

Damit zudem verschiedene Haushaltsgrößen erfasst werden können, entwickelte die Organisation für wirtschaftliche Zusammenarbeit und Entwicklung (OECD) eine entsprechend gewichtete Skala, die die verschiedenen Bedarfe von Kindern und Erwachsenen und Einsparungen durch gemeinsames Wirtschaften berücksichtigen soll (vgl. Butterwegge 2021, 14 f.).

Im Fall der *absoluten Armut* werden Grundbedürfnisse der hiervon betroffenen Person nicht abgedeckt, sodass sie in ihrer Existenz bedroht ist. Es handelt sich also um einen Mangel an Nahrung, Wasser, Obdach und Kleidung. Diese Form der Armut ist primär im Globalen Süden anzutreffen (vgl. Hauser 2018, 151). Die Weltbank definierte die absolute Armutsgrenze bei 1,90 US-Dollar Einkommen pro Tag und pro Kopf. Im September 2022 wurde die Armutsgrenze aufgrund der globalen Preissteigerungen angepasst. Diese Korrektur erfolgt als Reaktion auf die Veröffentlichung neuer Kaufkraftparitäten aus dem Jahr 2020. Die Daten ermöglichen die Umrechnung verschiedener Währungen in eine vergleichbare Einheit unter Berücksichtigung von länderspezifischen Preisunterschieden. Die neue absolute Armutsgrenze liegt somit bei 2,15 US-Dollar pro Person und Tag (World Bank 2022).

Aber auch die als „absolut“ beschriebene Armutsgrenze enthält eine relationale Komponente, insofern sie Maß nimmt an der gegenwärtigen und länderspezifischen Lebensrealität in Bezug auf Ernährung, Kleidung und Wohnen. Diese Faktoren reichen von klimatischen Bedingungen bis zum individuellen Bedarf einer Person. Menschen mit einer körperlichen oder geistigen Behinderung befinden sich beispielsweise in einer anderen Ausgangsposition als Menschen ohne Behinderung und haben einen größeren Bedarf an Unterstützung, um leben zu können. Diese Faktoren sollten also auch hierbei mitgedacht werden (vgl. Hauser 2018, 151).

Ressourcenansatz

Der sogenannte Ressourcenansatz fasst Armut als einen Mangel an Mitteln wie Nahrung, Wohnen, Kleidung und medizinischer Versorgung, die für einen „gesellschaftlich akzeptablen" (Koch, 2022, 22) Lebensstandard notwendig wären. Die Erfassung findet einkommensbasiert über ein festgelegtes Mindestmaß statt (vgl. BMZ 2024b). Die Leitfrage kann hierbei lauten: Über welche Ressourcen muss eine Person verfügen, um ihre notwendigen Bedürfnisse abzudecken und ein Mindestmaß an gesellschaftlicher Teilhabe verwirklichen zu können? Primär geht es um das Einkommen als zentrales finanzielles Mittel, das erforderlich ist, um die elementaren Lebensbedürfnisse abzudecken.

Die Grundfrage, welche Ressourcen ein Mensch haben muss, um nicht (definitorisch) arm zu sein, ist dabei so abstrakt, dass dieser Ansatz umfassend Verwendung finden kann. Je nachdem, wie weit die notwendigen Mittel und die soziale Partizipation verstanden werden, können sowohl die relative als auch absolute Armut erfasst werden (vgl. Bundesministerium für wirtschaftliche Zusammenarbeit und Entwicklung 2023; Koch 2022, 23).

Diese Offenheit hinsichtlich der zu ziehenden Grenze stellt zugleich einen Kritikpunkt dar, insofern die Grenzziehung letztlich willkürlich erscheint. Außerdem werden viele Facetten nicht berücksichtigt wie beispielsweise die unterschiedlichen

Bedarfe, die Menschen in verschiedenen Lebenssituationen – Kinderreichtum, Behinderung etc. – aufweisen. Auch regionale Unterschiede bleiben außen vor, also die Berücksichtigung dessen, ob jemand an einem Ort mit hohen oder geringen Lebenshaltungskosten lebt. Auch werden die faktischen Zugangschancen von Personen mit gleichen Ressourcen zu bestimmten Gütern nicht diskutiert; zu nennen sind hier zum Beispiel Diskriminierungen auf dem Wohnungsmarkt aufgrund von Ausschließungen von Bewerber*innen mit ausländisch klingenden Nachnamen (vgl. Böhnke/Dittmann/Goebel 2019, 23 f.).

Lebenslagenansatz

Im Jahr 2001 hat die Bundesregierung den ersten Bericht zu „Lebenslagen in Deutschland", besser bekannt als „Armuts- und Reichtumsbericht", veröffentlicht. Seitdem wird dieser in jeder Legislaturperiode publiziert. Wie der Titel besagt, stellt der Lebenslagenansatz dem eigenen Anspruch nach die konzeptionelle Grundlage des Berichtes dar (vgl. Armuts- und Reichtumsbericht 2021, Nr. IV.1.1). Hierbei beschreibt eine „Lebenslage" das wechselseitige Verhältnis äußerer Bedingungen und innerer Handlungsmöglichkeiten einer Person:

> „Als ‚Lebenslage' wird die Gesamtheit der äußeren Bedingungen bezeichnet, durch die das Leben von Personen oder Gruppen beeinflusst wird. Die Lebenslage bildet einerseits den Rahmen von Möglichkeiten, innerhalb dessen eine Person sich entwickeln kann, sie markiert deren Handlungsspielraum. Andererseits können Personen in gewissem Maße auch auf ihre Lebenslage einwirken und diese gestalten." (Engels 2013, 615)

Indem sozioökonomische und soziokulturelle Faktoren umfassende Berücksichtigung finden, wird Armut als mehrdimensionales Phänomen aufgefasst. Damit stellt sich der Lebenslagenansatz gegen monokausale Erklärungen, bei denen das Einkommen das einzige Kriterium von Armut darstellt. Indikatoren, die in den Armutsbegriff einbezogen werden, sind u.a. die Teilhabe an Erwerbstätigkeit, Bildung, Wohnen, Gesundheit sowie der materielle Lebensstandard (ebd.).

Der Begriff der Lebenslage wurde in der Forschung unterschiedlich gefasst (ebd., 616). Benutzt wurde der Terminus „Lage" in diesem Kontext bereits bei Friedrich Engels in seinem Werk „Lage der arbeitenden Klasse in England" (1845), das vielen als erste umfassende empirische Studie über die Lebensverhältnisse der Armen gilt. Geprägt hat ihn im Anschluss daran vor allem der österreichische Nationalökonom und Philosoph Otto Neurath (1882–1945), der in expliziter Abgrenzung zu einer monokausalen Erfassung von Armut für die Beschreibung der Gesamtlage der Person plädierte (vgl. Schroeter 2001, 32). Neurath zufolge sollte die Gesellschaftsstruktur als Ganzes und daher verschiedene Teile der sozialen Ordnung betrachtet werden (vgl. Neurath 1931, 112). Denn „Lebenslage" „ist der Inbegriff all der Umstände, die verhältnismäßig unmittelbar die Verhaltungsweise eines Menschen, seinen Schmerz, seine Freude bedingen. Wohnung, Nahrung, Kleidung, Gesundheitspflege, Bücher, Theater, freundliche menschliche Umgebung, all das gehört zur Lebenslage, auch die Menge der Malariakeime, die bedrohlich einwirken" (ebd., 125). Als solch umfassende Begrifflichkeit verstanden, dient sie nicht nur dazu, die tatsächliche Situation einer Person zu erfassen, sondern die Lebenslage unterschiedlicher Menschen „auf Grund objektiv angebbarer Merkmale miteinander (zu) vergleichen" (ebd.).

Eine Weiterentwicklung fand der Begriff durch Gerhard Weisser. Ihm zufolge ist eine Lebenslage definiert durch den „Spielraum, den einem Menschen (einer Gruppe von Menschen) die äußeren Umstände nachhaltig für die Befriedigung der Interessen bieten, die den Sinn seines Lebens bestimmen" (Weisser 1956, 986). Weisser geht es darum, inwiefern ein Mensch seine notwendigen Bedürfnisse erfüllt, wobei er den Fokus nicht nur auf materielle, sondern auch immaterielle Bedürfnisse legt. Dabei erfolgt seine Konzeption in bewusster Abgrenzung zu all denjenigen Ansätzen, die sich rein auf den ökonomischen Status der Individuen beziehen: „Der Umstand, daß die Stellung eines Menschen im Wirtschaftsleben in der Regel für das Maß seiner Versorgung mit Gütern bestimmend ist, erschöpft nicht im entferntesten die Bedeutung dieser seiner Stellung im Wirtschaftsleben für die Gestaltung seines Lebens" (ebd.). Eine arme Lebenslage ist ihm zufolge dadurch gekennzeichnet, dass „Mengen an knappen Gütern, die zum sozialen Existenzminimum benötigt werden, nicht im vollen Umfang zur Verfügung stehen" (ebd., 987).

Als kritische Weiterentwicklung dieses Ansatzes versteht Ingeborg Nahnsen, Schülerin von Weisser (Voges u.a. 2003, 42) ihr Konzept. Sie behält den Kern des Weisserschen Ansatzes bei, schlägt allerdings vor, strukturell zu betrachten, welche Bedingungen gegeben sind, die ermöglichen oder verhindern, dass man sich der eigenen Interessen überhaupt bewusst werden kann. Sie beginnt damit faktisch einen Schritt vor Weisser, denn ihr zufolge gilt es nicht nach den individuellen Interessen zu fragen, sondern sich zu überlegen, wie diese entstehen und wie man sich diesen bewusst wird, um sie anschließend umsetzen zu können. Fokussiert wird die Möglichkeit, dass einer Person eigene Bedürfnisse bewusst und realisiert werden können (vgl. Nahnsen 1992, 106).

Nach Nahnsen können allgemein gute und hinderliche Bedingungen dafür definiert werden, dass sich Wünsche überhaupt entfalten, ins Bewusstsein gehoben und auch erfüllt werden können. Danach können die Strukturen beurteilt werden (ebd., 117). Zur empirischen Erfassung der Strukturen, die die Chancen Einzelner festlegen, entwickelt Nahnsen fünf Bereiche genauer, nämlich den Versorgungs- und Einkommensspielraum, Kontakt- und Kooperationsspielraum, Lern- und Erfahrungsspielraum, Regenerations- und Mußespielraum sowie den Dispositionsspielraum (ebd., 118). Die fünf gewählten Bereiche sind sicherlich kritisch zu hinterfragen; allerdings geht Nahnsen selbst davon aus, dass weitere Spielräume existieren, die in ihr Konzept aufgenommen werden könnten (Voges u.a. 2003, 43).

Im Allgemeinen können hinsichtlich des Lebenslagenansatzes einige Punkte kritisch angemerkt werden. Je nach Konzept bleibt unklar, ob das Einkommen bzw. der finanzielle Faktor nicht die Ursache all der anderen Deprivationen darstellt. Außerdem stellt sich die Frage, wie Lebenslagen genau operationalisiert werden können. In vielen Armutsberichten, die sich auf den Lebenslagenansatz berufen, bleibt der Eindruck, dass es sich hierbei mehr um ein vorangestelltes Postulat handelt und sich die Autor*innen dann doch in den Zahlen verlieren, ohne dass dieser Ansatz tatsächlich durchdekliniert wird.

Armut als Exklusion

Historisch wurzelt der Begriff der *Exklusion* in Frankreich und wird dort 1974 vom französischen Sozialminister Lenoir das erste Mal in dessen Aufsatz „Les Exclus: un Francais sur dix" verwendet (vgl. Bhalla/Lapeyre, 2004 2). Die inhaltliche Auseinandersetzung mit dem Phänomen sozialer Ausschließungsmechanismen geht jedoch viel weiter zurück. Max Weber beschreibt mit seinen Prozessen sozialer Schließung (1922) bereits recht früh eine mehrdimensionale Funktionsweise von Exklusionsmechanismen aufgrund von fehlendem Zugang zu Ressourcen oder zentralen Gütern. Dabei definiert Weber zunächst eine offene und geschlossene Beziehung zwischen Einzelnem und Gesellschaft. Als „offen" lässt sie sich bezeichnen, wenn es möglich ist, am gegenseitigen sozialen Handeln teilzuhaben und die Teilnahme niemandem verwehrt wird, der dazu in der Lage wäre und das auch möchte (vgl. Weber 1922/2000, 31). Geschlossen ist eine Beziehung, wenn sie die Teilnahme an deren bestimmender sozialer Ordnung bzw. an dem stattfindenden sozialen Handeln verwehrt, ausschließt oder einschränkt oder sie an Bedingungen geknüpft wird (ebd.).

Ob die Beziehungen offen oder geschlossen sind, ist deswegen so zentral, weil sie Menschen zur Befriedigung von Bedürfnissen und Interessen dienen (ebd.). Wenn eine soziale Beziehung geschlossen ist, wird sie gekennzeichnet durch die Monopolisierung von Chancen, die denjenigen, die an der Beziehung teilhaben wollen, auf verschiedene Art und Weise garantiert werden können. Sie können entweder frei zur Verfügung gestellt, eingeschränkt oder gänzlich verwehrt werden. Durch die Schließung nach außen werden die Chancen nach innen hin appropriiert, also angeeignet (ebd.). Die Aneignung kann auf unterschiedliche Weise stattfinden, beispielsweise durch die vorgegebene Ordnung einer Hausgemeinschaft. Weber zufolge gibt es verschiedene Arten der Schließung, nämlich traditionale, affektuelle, wertrationale und zweckrationale (ebd., 32).

Der Grund für die vermehrte Verwendung und Modifikation des Begriffes Exklusion in den 1980er Jahren liegt vermutlich in der Weiterentwicklung des kapitalistischen Wirtschaftssystems. Die politischen Maßnahmen umfassten Deregulierung, zunehmende Privatisierung und einen sukzessiven Abbau von öffentlichen Dienstleistungen. Die Regierungen verfolgten damit eine Wiederbelebung des Wirtschaftswachstums (vgl. Bhalla/Lapeyre 2004, 3). Die durch diese Reformen intensivierte Globalisierung des Kapitals und die damit einhergehende Umstrukturierung der Märkte im Sinne der Wettbewerbsfähigkeit gingen mit neuen Arbeits- und damit Inklusions- und Exklusionsbedingungen einher.

Der Begriff der Exklusion – u.a. beispielsweise durch Castels Zonensystem geprägt (Castel 2008) – bezieht sich primär auf die dadurch implementierten Arbeitsverhältnisse, die von Flexibilisierung und Prekarisierung charakterisiert sind. In vielen Staaten wurde die sozialversicherungspflichtige Vollbeschäftigung zu einer Art Ideal, da die Realität zunehmend von befristeten Verträgen, geringfügige Beschäftigung und außertariflichen Niedriglöhnen geprägt war.

Die Anschlussfähigkeit des Begriffs in der heutigen Zeit lässt sich darauf zurückführen, dass er auf die „Gefährdung der Grundlagen des ‚sozialen Bewusstseins' durch die Wiederkehr der gesellschaftlichen Probleme Arbeitslosigkeit und Armut abhebt" (Kronauer 2010, 38). Gegenwärtig wahrgenommene Probleme, wie die Abspaltung bestimmter gesellschaftlicher Gruppen, Veränderungen in der Erwerbsarbeit und die erschwerten Teilhabemöglichkeiten von Mitgliedern der Gesellschaft sind Gegenstand der Exklusionsdebatte (ebd.).

Dabei hat der Exklusionsbegriff gegenüber demjenigen der Armut den Vorteil, dass er die soziale (Des-)Integration eines Menschen und die Umsetzung der sozialen Rechte der Person (vgl. Goebel in: Böhnke/Dittman/Goebel 2019, 29) beschreibt. Im Begriff der In- bzw. Exklusion drückt sich nicht nur ein Mangel an materiellen Dingen oder fehlender Teilhabe an Bildung, Gesundheit etc. aus, wie dies bei „Armut" der Fall ist, sondern auch ein Verhältnis zwischen Individuum und Gesellschaft: Wie ist der/die Einzelne in das soziale Gefüge eingebunden bzw. aus diesem ausgeschlossen? Zudem ist es dadurch möglich, multiple Phänomene zu erfassen, zum Beispiel die Auswirkungen von Behinderung, sexueller oder religiöser Orientierung (vgl. Huster/Boeckh/Mogge-Grotjahn 2018, 4) oder geschlechtlicher Identität.

Eine zentrale Kritik am Exklusionsbegriff besteht in einem bereits bei anderen Konzepten angesprochenen Mangel. Beschreibt das Ausgeschlossensein aus bestimmten Subsystemen der Gesellschaft eine Folge von Armut, sodass also doch die materielle Exklusion begrifflich gesehen den Ausgangspunkt der Analyse bilden muss? Und existieren nicht auch Ausschließungen, beispielsweise aufgrund der sexuellen Orientierung, die nichts mit Armut zu tun haben?

Bei der Frage nach dem Grad des Ausschlusses gehen zudem die Begründungen auseinander. Gibt es ein totales Ausgeschlossensein von als „Überflüssige" Betitelten, die Bude als „Menschen außerhalb des Hauses" (vgl. Bude 2008, 13) bezeichnet? Oder verhält es sich so, wie aus systemtheoretischer Sicht angenommen, dass es kein Ausgeschlossensein geben kann, weil ein Mensch immer in irgendwelche Subsysteme eingegliedert ist (vgl. Farzin 2006, 47 ff.; Opitz 2007)? Oder gibt es, wie es Castel formuliert, kein Außerhalb der Gesellschaft, da die

„Entkollektivierung selbst eine kollektive Situation" (Castel 2005, 66) ist? Opitz bringt dies wie folgt auf den Punkt:

„Insofern die Gesellschaft das umfassende Sozialsystem darstellt und sich in der Moderne als Weltgesellschaft realisiert, ist Ausschluss nahezu immer gesellschaftsinterner Ausschluss; soziale Exterritoritätszonen entstehen als Effekte gesellschaftsinterner Grenzziehungen." (Opitz 2007, 48)

Auch ist es eventuell zu einseitig, nur von Exklusion als negativer Kategorie zu sprechen, ohne nicht auch zu analysieren, auf welche Weise Menschen prekär, unvollständig bzw. zu welchem Grade sie in bestimmte Subsysteme integriert sind. Hieran schließt auch die Schwierigkeit an, Exklusion und ihre Ausprägungen empirisch zu erfassen (vgl. Goebel 2019, 30).

Für den Begriff spricht, dass – wie dargelegt – damit eine Verhältnisbestimmung zwischen Individuum und Gesellschaft zum Ausdruck gebracht wird und nicht nur eine individuelle Zustandsbeschreibung. Vielmehr ergibt sich Letztere aus dem Verhältnis des/der Einzelnen zur Gesellschaft. Damit gelangt die Wechselwirkung in den Blick, die bereits Simmel in seinem 1906 veröffentlichten Aufsatz „Der Arme" analysiert hat.

Amartya Sen: Der Capability Approach/Verwirklichungsansatz

Amartya Sens Verwirklichungsansatz hat die Debatte um die Definition der Armut in den letzten Jahrzehnten wie kaum ein anderes Konzept geprägt. Das Spezifikum des Konzepts besteht darin, die freie Entwicklung des Individuums in den Mittelpunkt der Debatte zu stellen. Die Grundvoraussetzung zur Selbstentfaltung besteht Sen zufolge nicht nur in der materiellen Freiheit. Freiheit stellt vielmehr ein komplexes Phänomen dar, das durch Institutionen wie Bildungs- oder Gesundheitseinrichtungen oder durch politische und bürgerliche Rechte hergestellt werden muss (vgl. Sen 2020, 13 f.). Von Bedeutung sind insbesondere die instrumentellen Freiheiten, die grundsätzlich dazu beitragen, dass Menschen sich freier entwickeln können. Darunter zählen: „(1) politische Freiheiten (2) ökonomische Einrichtungen (3) soziale Chancen (4) Transparenzgarantien (5) soziale Sicherheit“ (ebd., 52).

Damit sind die positiven Dimensionen der Selbstentfaltung benannt, vor denen als Kontrast die negativen Bedingungen zur mangelnden Verwirklichung deutlich werden. Sen zufolge bezeichnet Armut nicht nur materielle Not, sondern auch eine umfassende Deprivation an Verwirklichungschancen: „So gesehen drückt sich Armut im Mangel an fundamentalen Verwirklichungschancen aus und nicht bloß in einem niedrigen Einkommen, das gemeinhin als Kriterium für Armut gilt“ (ebd., 110). Menschen, die von Armut betroffen sind, werden der Möglichkeit beraubt, selbstbestimmt das Leben führen zu können, das sie möchten (Böhnke/Dittmann/Goebel, 2019, 28).

Auch wenn Armut dem Capability Approach zufolge ein vielschichtiges Phänomen darstellt, ist das geringe Einkommen diesem Ansatz nach dennoch der Ausgangspunkt für die geringeren Chancen in allen anderen Bereichen. Die Gründe hierfür können wiederum vielfältig sein; eine mangelnde Daseinsversorgung und Infrastruktur oder die aktive Verweigerung von Rechten seitens von Regimen werden bspw. genannt (vgl. Sen 2020, 13 f.).

Dadurch ergibt sich auch Sens Verständnis von Armut. Sie wird als Mangel an Verwirklichungschancen begriffen, der sich auf alle Lebensbereiche bezieht (ebd. 110). Einkommensarmut stellt dabei zwar den Kern, also die Hauptursache dar; jedoch wirkt sich das geringe Einkommen eben auch auf Verwirklichungschancen in jeglicher Hinsicht aus. So kann auch ein *intrinsischer* Mangel deutlicher gemacht werden. Weil Armut aber auch durch weitere Faktoren wie die genannte schlechte Infrastruktur bedingt sein kann, stellt umgekehrt der Faktor Einkommen auch nicht die einzige Möglichkeit dar, um Verwirklichungschancen zu kreieren (ebd.). Der Zusammenhang „zwischen niedrigem Einkommen und geringen Verwirklichungschancen ist variabel“ (ebd.), je nach den äußeren Bedingungen, in denen jemand agiert. In einem wohlhabenden Land relativ arm zu sein, kann bspw. trotzdem mit niedrigen Verwirklichungschancen einhergehen, auch wenn das individuelle Einkommen im Vergleich zum Weltstandard hoch ist (ebd., 112). Neben gesellschaftlichen Umständen ist auch die Familie als potenzielle Unterstützungsstruktur zu nennen (ebd., 110). Außerdem werden diese Bedingungen etwa durch Geschlechterverhältnisse oder Wohnorte (ebd., 111) modifiziert.

Armut als Mangel an Verwirklichungschancen zu erfassen, bedeutet auch, mitzudenken, dass sich Einkommen in sog. „Funktionen" umwandeln muss, um es sinnhaft einzusetzen (ebd.). Ohne bspw. individuelle Fähigkeiten oder bestimmte gesellschaftliche Strukturen lässt sich die tatsächliche Lebenssituation nicht erfassen, weil Wissenschaftler*innen dann nicht wissen, ob das vorhandene Geld auch in die Möglichkeit der Selbstentfaltung umgesetzt werden kann. Wenn beispielsweise die Rente hoch genug ist, um sich ein Smartphone anzuschaffen, ist man dennoch von den Möglichkeiten des Internets ausgeschlossen, wenn man nicht über die digitalen Kompetenzen verfügt oder in einem Funkloch lebt. Dabei kann es auch zu einer sog. „Kopplung von Nachteilen" (ebd.) kommen, wenn der Einkommensmangel zusätzlich mit Hindernissen bei der Verwendung des Einkommens, also der Umwandlung in Funktionen für die Erreichung von Verwirklichungschancen, gekoppelt ist (ebd.). Zu Hindernissen gehören auch andere Formen von persönlichen Einschränkungen und Behinderungen, bspw. bei älteren oder erkrankten Menschen, die es schwerer haben, Einkommen zu erwirtschaften und dieses entsprechend in Funktionen umzuwandeln. Diese unterschiedlichen Bedingungen und Hindernisse möglichst präzise zu erfassen, ist Sen zufolge zentral, damit gesellschaftspolitische Maßnahmen entsprechend gestaltet werden können (ebd.).

Sen legt damit ein umfassendes Konzept vor, das es erlaubt, Armut als Verhinderung von Selbstverwirklichung zu fassen. Die Vorteile dieses Ansatzes stellen allerdings zugleich auch seinen Schwachpunkt dar: Wie lässt er sich operationalisieren, also auch für die empirische Forschung nutzbar machen? In der Diskussion wird in diesem Kontext häufig auf Martha Nußbaums Ansatz verwiesen, der viele Elemente mit Sen teilt, aber auch einen – zumindest auf den ersten Blick – etwas konkreteren Katalog der Bedürfnisse entwickelt hat. Dennoch haben sich einige Armutsberichte ihrem Selbstverständnis nach auf den Verwirklichungsansatz gestützt (vgl. insb. die Machbarkeitsstudie zur empirischen Operationalisierbarkeit als Begleitstudie des dritten Armutsberichts der Bundesregierung, vgl. IAW 2006).

4. Worin liegt Armut begründet? Erklärungsmodelle in der Diskussion

In diesem Kapitel werden unterschiedliche Gründe für Armut dargestellt, die in Wissenschaft und Öffentlichkeit diskutiert werden. Dabei wird nach Ursachen auf der Ebene der Individuen, der Staaten sowie alle Akteure umfassenden differenziert. Hinsichtlich der Unterscheidung zwischen betroffenen Menschen und Ländern sind zwei Dinge festzuhalten. Zum einen kann es Situationen geben, in denen die Interessen eines Staates mit denjenigen der Bevölkerung auseinanderfallen, wodurch der Staat selbst zur Ursache der Armut eines Teils seines Volkes werden kann. Ein Beispiel hierfür ist das Land Grabbing: Staaten verkaufen oder verpachten Land an ausländische Akteure, um Devisen einzunehmen; häufig jedoch für den Preis der Vertreibung der dort lebenden Menschen. In diesem Fall können die individuelle und staatliche Ebene also nicht in eins gesetzt werden. Zum anderes besteht jedoch auch ein Zusammenhang: Ärmere Staaten verfügen über weniger Mittel, um eine gute Infrastruktur wie ein Bildungssystem oder soziale Unterstützungsleistungen einzuführen, sodass dann auch das entsprechende Volk von Armut betroffen ist. Trotz der Notwendigkeit der analytischen Unterscheidung fallen Armut bzw. Reichtum der beiden Akteure häufig also auch zusammen.

Zur besseren Übersichtlichkeit wird die Behandlung jeder Ursache wie folgt gegliedert:

- Worin liegt Armut begründet? Vorstellung der Ursache
- Was spricht für, was gegen diese Erklärung? Reichweite und Grenzen
- Weiterführende Literatur

Wie in der Einleitung geschrieben, müssen viele Ursachen aus Platzgründen außen vor bleiben, was nicht bedeutet, dass sie als irrelevant eingeschätzt werden. Auch können die aufgegriffenen nur kursorisch dargestellt werden, weswegen abschließend weiterführende Literaturhinweise gegeben werden.

4.1 Gründe für Armut von Individuen

Die Reihenfolge der im Folgenden dargestellten Gründe verdankt sich der aufsteigenden Erklärungskraft. So stellen Armutsrisikofaktoren zufällige Lebenslagen einzelner Individuen dar. Bestimmte politische Reformen können die materielle Situation verbessern oder verschlechtern, ebenso wie die Finanzialisierung der Ökonomie. Die Klassenangehörigkeit eines Menschen bzw. die Position innerhalb des Wirtschaftssystems bestimmt wesentlich über die materielle Lebenslage, während der Geburtsort bzw. genauer die Staatsangehörigkeit neuesten Studien zufolge die entscheidendste Determinante darstellt.

Armutsrisikofaktoren

„Erwerbstätige haben eine deutlich niedrigere Armutsrisikoquote als die Gesamtbevölkerung. Hohe Werte hingegen weisen nicht nur Arbeitslose, sondern auch Alleinerziehende, niedrig Qualifizierte und Menschen mit Migrationshintergrund auf." (Bundesministerium für Arbeit und Soziales 2017, VI)

Worin liegt Armut begründet? Vorstellung der Ursache

In der Armutsforschung existieren unzählige Studien, in denen einzelne Risikofaktoren für das Auftreten von Armut statistisch erfasst und analysiert werden. Es werden also Korrelationen zwischen Merkmalen der Individuen und dem Auftreten einer deprivierten Lebenslage festgestellt. Besonders betroffen sind, wie im Eingangszitat angesprochen, Arbeitslose, Alleinerziehende, Geringqualifizierte und Menschen mit Migrationshintergrund. Auch Kinderreichtum und Behinderung stellen einen Armutsrisikofaktor dar (vgl. Bäcker/Kistler 6.1.2021). So lässt sich also genauer erfassen, welche Individuen mit welchen Eigenschaften von Armut betroffen sind.

Was spricht für, was gegen diese Erklärung? Reichweite und Grenzen

Zunächst lässt sich über Armutsrisikofaktoren nicht debattieren; es handelt sich schlicht um einen statistisch erfassten Zusammenhang, der so offenbar existiert. Nur wird es meines Erachtens problematisch, wenn diese empirisch nachgewiesene Korrelation wie eine *Erklärung* behandelt wird. Personen, die viele Kinder oder einen Migrationshintergrund haben, sind offenbar häufiger davon bedroht, arm zu werden. Warum jedoch ist dies der Fall? Der Verweis auf das statistisch signifikante Auftreten dieser beiden Faktoren stellt zunächst nichts anderes als ein Faktum ohne Erklärung des Grundes für die Häufung dar.

Werden die aufgelisteten Faktoren als Ursache mit Erklärungsgehalt genommen, scheinen außerdem Ursachen mit Anlässen verwechselt zu werden. Dies lässt sich am Beispiel Kinderreichtum verdeutlichen: Es ist eine Frage des Einkommens und des Vermögens, ob viele Kinder zu Armut führen; reiche Familien werden dadurch nicht arm. Insofern stellt sich die Frage, auf welche Basis der Anlass treffen muss, um zur auslösenden Kraft für Armut zu werden; dies wird bei der Diskussion der Ursache „Klassenzugehörigkeit" deutlicher werden. Problematisch ist außerdem, dass dieser Erklärung einer Tendenz zur Individualisierung der Armutsfrage innewohnt (Klundt 2019, 130), obwohl sich an der Verallgemeinerbarkeit des jeweiligen Faktors die strukturelle Bedingtheit manifestiert.

Um ein detaillierteres Bild von Armut und den Betroffenen zu bekommen, ist die genaue Erfassung der Armutsrisikofaktoren jedoch durchaus hilfreich. Gerade hinsichtlich konkreter Politikberatung lassen sich hieraus geeignete Maßnahmen für politische Interventionen ableiten.

Weiterführende Literatur

Bäcker, Gerhard/Kistler, Ernst (6.1.2021): Verteilung von Armut und Reichtum. Relative Einkommensarmut. Online. https://www.bpb.de/themen/soziale-lage/verteilung-von-armut-reichtum/237429/relative-einkommensarmut/ (Zugriff: 26.3.2024).

Ausgestaltung einzelner Politikfelder

„Entschieden muss daran erinnert werden, daß das Sozialversicherungssystem nicht nur das Ziel verfolgt, den Schwächsten Hilfe zu bieten, damit sie nicht völlig vor die Hunde gehen. Genau betrachtet, ist es für alle die Grundvoraussetzung dafür, daß sie auch weiterhin zu einer Gesellschaft der Ähnlichen gehören." (Castel 2005, 114 f.)

Worin liegt Armut begründet? Vorstellung der Ursache

Es ist hier nicht ausreichend Raum, um auf unterschiedliche politische Regelungen einzugehen, die Armut verschärfen können; jedenfalls existieren zahlreiche Politikfelder, die bestehendes Vermögen sowie Armut vergrößern können. Zu nennen sind hier u.a. die Wirtschafts-, Sozial-, Arbeitsmarkt- und Steuerpolitik. In Bezug auf Deutschland sind hinsichtlich der Sozial- und Arbeitsmarktpolitik vor allem die Agenda 2010 bzw. die sogenannten „Hartz-IV-Reformen" hervorzuheben, die häufig als „Paradigmenwechsel" in der Geschichte des deutschen Sozialstaates bezeichnet werden.

Diese von der rot-grünen Bundesregierung 2010 durchgeführten Reformen gelten als Ursache von „neuer" Armut, zum einen für Arbeitslosengeld-II-Bezieher*innen (ALG II) und zum anderen durch die erhebliche Ausweitung des Niedriglohnsektors und prekärer Beschäftigung. Die Sätze für Menschen in ALG-II-Bezug wurden deutlich gekürzt und sind auch nach der Reform durch die Ampelregierung und der Umbenennung in „Bürgergeld" niedriger als zuvor. Außerdem bestand die Möglichkeit der Sanktionierung, wodurch Betroffenen faktisch das Existenzminimum gekürzt wurde – eine Praxis, die eine Entscheidung des Bundesverfassungsgerichts zumindest begrenzte, indem es Vollsanktionierungen untersagte.

Der eingangs zitierte Castel hat seine Beurteilung zwar nicht bezüglich der Agenda 2010 formuliert, jedoch passt diese in den beschriebenen Kontext: Zweifellos haben die Reformen zu einer Verschärfung der Armut in Deutschland geführt und damit ein Stück weit die „Gesellschaft der Ähnlichen" untergraben.

Was spricht für, was gegen diese Erklärung? Reichweite und Grenzen

Der soziale Status eines Menschen innerhalb der Gesellschaft kann durch gesetzliche Regelungen, Besteuerungen und soziale Unterstützungsleistungen verbessert oder verschlechtert werden; für Letzteres sind die Hartz-Reformen ein eindrückliches Beispiel. Allerdings wird Armut dadurch nicht erzeugt, sondern diejenigen, die momentan keine Arbeit finden – also vom Armutsrisikofaktor Arbeitslosigkeit betroffen sind –, werden weniger unterstützt als dies zuvor der Fall war. Man könnte argumentieren, dass die Betroffenen nicht oder weniger arm wären, wenn die Sätze höher ausfielen; da es jedoch auch ein Ziel des Sozialstaates darstellt, Menschen wieder in Arbeit zu bringen, wäre das Ausmaß einer solchen Umverteilung in gewisser Weise „systemwidrig".

Die Ausgestaltung und die Wirkungen der Reformen auch mit Blick auf Armut werden von unterschiedlicher Seite verschieden bis gegensätzlich beurteilt. Dem damaligen Präsidenten des Unternehmerverbandes „Bundesvereinigung der Deutschen Arbeitgeberverbände" Ingo Kramer zufolge haben sie „maßgeblich dazu beigetragen, Deutschland zur europäischen Wachstumslokomotive zu machen" (SZ 22.11.2019). Dies mag man als Äußerung eines Interessenvertreters abtun; meines Erachtens ist der Hinweis auf die „Wachstumslokomotive" aber durchaus ernst zu nehmen: Wenn Unternehmen Gewinne machen, manifestiert sich dies gesamtgesellschaftlich als Wachstum. Dies ist die Bedingung dafür, dass Menschen Beschäftigung finden, also auch Löhne bzw. Gehälter erhalten. In diesem Sinne hat die Verarmung der Menschen durch niedrigere Arbeitslosengeld-II-Sätze sowie durch den Versuch, das Lohnniveau mit unterschiedlichen Maßnahmen zu senken, durchaus seine immanente Logik. Die Unternehmen sollen dazu angeregt werden, mehr Jobs zu schaffen, da sie durch geringere Lohnkosten rentabel gemacht werden und eine – vermeintlich – höhere Arbeitsbereitschaft erzeugt wird. Insgesamt soll dadurch ein stärkeres Wachstum in Deutschland angeregt werden, wodurch im Idealfall die Löhne durch gesunkene Arbeitslosigkeit steigen, die Staatseinnahmen sprudeln und damit mehr Budget für Staatsausgaben zur Verfügung stehen. Mit diesen Wirkmechanismen wurde damals argumentiert und sie erklären vermutlich, weswegen ausgerechnet eine sozialdemokratische Partei diese Reformen durchgeführt hat. Ob dieses „Jobwunder" aufgrund der Agenda 2010 eingetreten ist, bleibt bis heute umstritten. Wichtig im Kontext der Armutsthematik ist jedenfalls die zugrundeliegende systemimmanente Logik, die tatsächlich existiert: Die potenzielle Verarmung der abhängig Beschäftigten kann zu neuen Jobs und damit zu einem gesteigerten Wachstum führen.

Deutlich wird dies auch mit Blick auf den Globalen Süden: „Wenn wir von zehn Prozent Arbeitslosigkeit in Europa hören, wären wir froh, eine solche Arbeitslosenrate zu haben. Bei uns ist die Arbeit die Ausnahme! Die genaue Rate kennt niemand, vielleicht sind es 50 Prozent, vielleicht 80 Prozent. Der Staat stellt nicht ein, es gibt kaum Unternehmen, stattdessen dominiert der informelle Sektor. Heute verkaufen wir dies, morgen etwas anderes – die meisten Jobs sind sehr prekär. Bezahlte Arbeit, die durch Arbeitsgesetze reguliert wird, ist die Ausnahme in unserem Land" (Traoré 2019, 170). Der Risikofaktor Arbeitslosigkeit stellt in vielen Staaten ein Massenphänomen dar mit entsprechenden Konsequenzen für das materielle Lebensniveau der Bevölkerung.

Im Kapitel über mögliche Gegenmaßnahmen werden die Probleme, die sich aus der angesprochenen Kapitalismus-immanenten Logik ergeben, noch mehrmals thematisiert werden müssen.

Weiterführende Literatur

Bpb (2019): Aus Politik und Zeitgeschichte. Hartz IV. 69. Jahrgang, 44–45/2019, 28. Oktober 2019. Online: https://www.bpb.de/system/files/dokument_pdf/APuZ_2019-44-45_online.pdf (Zugriff: 30.3.2024).

Seithe, Mechthild (2012): Schwarzbuch Soziale Arbeit. 2. Aufl. Wiesbaden.

Finanzialisierung des Wirtschaftssystems

„[Heute sind es] private Geschäftsbanken, die einen Großteil des Geldkapitals durch die Vergabe von Krediten ‚aus dem Nichts' erschaffen, unabhängig von der Kontrolle durch Regierung oder Zentralbank, einfach, indem sie eine Zahl auf einem Computerkeyboard eintippen und mit der Eingabetaste bestätigen. Geldkapital wird heute durch Tastendruck – ‚keystroke' – erzeugt." (Sahr 2017, 18)

Worin liegt Armut begründet? Vorstellung der Ursache

In den letzten Jahren und Jahrzehnten haben sich eine Reihe neuer Attribuierungen des Kapitalismus entwickelt, um unser gegenwärtiges Wirtschaftssystem zu charakterisieren: Paul Windolfs „Finanzmarkt-Kapitalismus" (2005), Joscha Wullwebers „Zentralbankkapitalismus" (2021) und die allgemeine Rede von einer „Finanzialisierung" des Kapitalismus sind hier zu nennen. Im Folgenden sollen Aaron Sahrs Arbeiten zum sog. „Keystroke-Kapitalismus" (2017) im Mittelpunkt der Betrachtung stehen, da er sich in seiner Analyse der Finanzialisierung auf die Folgen für Armut und Reichtum kapriziert.

Was also ist den Wissenschaftler*innen zufolge das Neue am Kapitalismus, das diese Attribuierung rechtfertigt? Windolf zufolge zeichnet sich das Wirtschaftssystem heute durch ein „Produktionsregime [aus, I.S.], das durch eine spezifische Konfiguration von ökonomischen Institutionen geprägt ist", nämlich durch Aktienmärkte, Investment-Fonds, Analysten und Rating-Agenturen sowie Transfermechanismen, wobei die Aktienmärkte das „Steuerungszentrum" dieser neuen Form des Kapitalismus darstellen (vgl. Windolf 2005, 20). Weswegen ist diese Bedeutungsverschiebung weg vom produzierenden Gewerbe hin zu den Finanzmärkten für unser Thema bedeutsam?

Ausgehend von der Diagnose, dass sowohl das Privatvermögen als auch die Schulden einen Höchststand erreicht haben und die Schulden des einen das Vermögen der anderen sind, bezeichnet Sahr das Finanzsystem als „gewaltiges Transfersystem von unten nach oben": „Die wohlhabende Spitze der Vermögensverteilung und die ärmere untere Hälfte stehen sich nicht nur als unabhängige Gruppen gegenüber [...]; vielmehr ist die Minderheit an der Spitze als Halter der meisten Finanzanlagen Gläubiger der Mehrheit. Die Finanzanlagen leiten als Zahlungsversprechen Zins- und Tilgungszahlungen von der Schuldnermehrheit zur Gläubigerminderheit" (2017, 14). Diese Finanzlagen sind Kredite, die – so die Kernthese – eine Art „paraökonomische Wertschöpfung" (ebd., 17) darstellen, insofern private Banken das Privileg haben, Geld durch die Vergabe von Krediten aus dem Nichts zu schöpfen. Dadurch stellen sie einen wesentlichen Beitrag zur Verschärfung der Ungleichheit dar, wenn sich Arbeitende verschulden und beim Bedienen der Kredite Zins- und Tilgungszahlungen leisten müssen. Will man dem entgegenwirken, muss man „nicht nur über Umverteilung reden, sondern muss auch den Keystroke-Kapitalismus selbst zur Disposition stellen" (ebd., 19).

Was spricht für, was gegen diese Erklärung? Reichweite und Grenzen

Dass sich Banken und Vermögende durch Zins- und Tilgungszahlen bereichern können und dadurch die Ungleichheit in der Gesellschaft wächst, stellt einen in der Armutsforschung allgemein unterbelichteten politökonomischen Zusammenhang dar. Tatsächlich wären in diesem Kontext auch noch weitere Faktoren wie die Geldpolitik der Zentralbanken und die Inflation zu besprechen. Unabhängig davon, ob man sie als neue Phase des Kapitalismus begreifen möchte, macht es also durchaus Sinn, die Finanzialisierung unseres Wirtschaftssystems im Kontext von Armut in den Blick zu nehmen. Auch wenn sie zu einer Verschärfung der Ungleichheit beiträgt, gibt es meines Erachtens dennoch ein paar Einwände. Sahr selbst warnt vor „Monokausalität" (ebd., 44); auch aus seiner Sicht stellt diese Verschiebung zu den Finanzmärkten also nicht die einzige Ursache für Armut dar. Wie ist die skizzierte Ursache an sich zu beurteilen?

Wie Sahr schreibt, sind es u.a. die „realwirtschaftlichen Unternehmen" (ebd., 25), die sich verschulden. Offenbar existiert also ein Gegensatz zwischen Finanzkapital und Realwirtschaft, wie er von Kritiker*innen der Finanzialisierung insinuiert wird, nicht so eindeutig; vielmehr profitiert die „Realwirtschaft" von den Kreditmitteln der Banken, die sie im Falle eines rein negativen Verhältnisses nicht in Anspruch nehmen würden. Dies sei hier in Klammern angemerkt, analog gilt es jedoch auch für private Haushalte, die ebenso immer höher verschuldet sind. Man kann von einer „Integration der Arbeiter in das Finanzsystem" (Sahr 2017, 25) durch Pensionskassen und eine steigende private Verschuldung sprechen. Bei den Schulden der arbeitenden Klasse stellen die Hauskredite den „Löwenanteil der Bankkredite in den entwickelten Ökonomien" (ebd., 107) dar. Menschen möchten sich also verschulden, um sich ein Eigenheim leisten zu können. Natürlich kann man daraus auch schließen, dass sie sich immer häufiger für einen Häuserkauf (höher) *verschulden* müssen, um ihn sich leisten zu können. Und tatsächlich ist eine „Reallohnstagnation oder sogar -rückgang" (ebd., 49) zu beobachten. Jedoch sprechen diese Phänomene nicht dafür, dass die Finanzialisierung eine Ursache für Armut darstellt, sondern der immer kleinere Labour's share, also die geringeren Einkommen im Verhältnis zum Unternehmensgewinn. Die Kredite der Banken, so könnte man auch umgekehrt argumentieren, ermöglichen es den Menschen, sich trotzdem ein Eigenheim leisten zu können. Wie bei der Realwirtschaft geht damit eine Abhängigkeit von und ein Profitieren der Banken einher, weil diese dadurch Gewinne machen; aber das gilt sehr unspezifisch für alle wirtschaftlichen Vorgänge im Kapitalismus. Wenn ich Lebensmittel einkaufe, bezahle ich auch den Gewinn, den das Unternehmen mit dem Produkt erwirtschaftet. Die Finanzialisierung stellt also einen Grund für die *Verschärfung der Ungleichheit* das, scheint aber alles in allem vor allem ein Argument für die später zu besprechende imperiale Lebensweise zu sein, weil sie die Verwobenheit „der" abhängig Beschäftigten mit „dem System" demonstriert: Es lässt sich nicht sinnvoll von „dem System" bzw. den profitierenden Banken auf der einen und „den Nicht-Habenden“ auf der anderen Seite sprechen.

Weiterführende Literatur

Sahr, Aaron (2015): Reichtum aus Feenstaub. Das Free-Lunch-Privileg im Keystroke-Kapitalismus. In: Bude, Heinz/Staab, Philipp (Hg.) (2015): Kapitalismus und Ungleichheit.

Sahr, Aaron (2017): Keystroke-Kapitalismus, Ungleichheit auf Knopfdruck. Hamburg.

Privateigentum und Klassentheorie

„Im Begriff des freien Arbeiters liegt schon, daß er Pauper [Armer] ist: virtueller [dem Wesen nach] Pauper. Er ist seinen ökonomischen Bedingungen nach bloßes *lebendiges Arbeitsvermögen*, also auch mit den Bedürfnissen des Lebens ausgestattet. Bedürftigkeit nach allen Seiten hin, ohne objektives Dasein als Arbeitsvermögen zur Realisierung desselben. (Marx/Engels, Grundrisse, Hervorh. i. O., 505)

Worin liegt Armut begründet? Vorstellung der Ursache

Die Vorstellung, dass Armut in der Zugehörigkeit zur Arbeiterklasse begründet liegt, ist untrennbar mit Karl Marx und Friedrich Engels verbunden, die trotz ihrer Vorläufer als Begründer der systematischen Klassentheorie gelten. Da ihre Auffassungen bereits dargelegt wurden (s. S. 27 ff.), sollen sie nur kurz in Erinnerung gerufen werden, dabei werden Aktualisierungen aufgegriffen und anschließend die Reichweite dieser Erklärung erläutert.

Was begründet Marx und Engels zufolge die im Eingangszitat aufgestellte Behauptung, dass freie Arbeiter*innen an sich arm sind? Abhängig Beschäftigte sind darauf angewiesen, dass sie einen Arbeitsplatz finden und für die dort verrichtete Arbeit Lohn oder ein Gehalt erhalten, um sich ernähren zu können. Ob sie bei ihrer Suche erfolgreich sind und zu welchen Bedingungen sie arbeiten, haben sie dabei nicht in der Hand; die „Realisierung“ ihres Arbeitsvermögens ist – aus Sicht der beiden kommunistischen Theoretiker – abhängig von der „Gegenseite", nämlich den Kapitalist*innen, die die Beschäftigung unter die Bedingung der Vergrößerung ihres Vermögens stellen. Diese Stellung im Produktionsprozess ist der Klassentheorie zufolge die entscheidende analytische Bestimmung dieser Gesellschaft und determiniert den Lebensstandard eines Menschen: „Klassen sind dabei Ausdruck von Produktionsverhältnissen, d.h., die Klassenzugehörigkeit der einzelnen Gesellschaftsmitglieder ist durch ihre Stellung zu den Produktionsmitteln – also letztlich: durch ihre ökonomische Lage – eindeutig bestimmt" (Kreckel 2004, 54).

Dementsprechend ist Armut ein notwendiger Bestandteil des kapitalistischen Systems. Sie kann durch von der Arbeiterklasse erkämpfte und wiederum immanenten Gesetzen folgende Lohnerhöhungen oder eine umverteilende Sozialpolitik gelindert, jedoch per definitionem nie abgeschafft werden (vgl. Henning 2021, 129). In einer boomenden Wirtschaftsphase wird der „Pauperismus" weniger, indem mehr Arbeitsplätze geschaffen werden, aber dies ändert nichts daran, dass abhängig Beschäftigte an sich – auch als Lohn Verdienende – der Klassentheorie zufolge arm sind.

Seit Marx und Engels gab und gibt es viele Diskussionen über die Aktualität der Klassentheorie und Versuche ihrer Erneuerung. Durch autobiografische Literatur wie bspw. von Didier Eribon (2016), Christian Baron (2020), Anna Mayr (2020) oder die Nobelpreisträgerin Annie Ernaux hat der Begriff in den letzten Jahren auch in einer breiten Öffentlichkeit wieder Anklang gefunden. Auch in soziologischen Debatten, beispielsweise bei Reckwitz in der „Gesellschaft der Singularitäten" (2019), in Form eines kulturalisierten Klassenbegriffs (vgl. Lucht 2021, 9) oder bei Oliver Nachtweys „Die Abstiegsgesellschaft" (2016) lebt der Begriff wieder auf. Aufgrund des Abbaus sozialstaatlicher Leistungen sowie der breiteren Einführung prekärer Arbeitsverhältnisse im Zuge der „Hartz-Reformen" kehrt die Klassendebatte in der Terminologie der Prekarisierung und Flexibilisierung zurück (vgl. Castel 2008; Dörre 2011; Graf/Lucht/Lütten 2022). Die Diskussion wurde zum Teil auch durch den Begriff des „Klassismus“ angefacht, also der Diskriminierung aufgrund der Klassenherkunft. Lütten et al. schreiben hierzu, dass der Begriff „Klassismus“ zwar relevant ist, jedoch die strukturellen Herrschafts- und Ausbeutungsmechanismen nicht erfasst (vgl. Lucht 2021, 10). Klassismus als Konzept stellt den Versuch dar, identitätspolitische Debatten mit der ökomischen Theorie der Klasse zu *verbinden*, insofern Diskriminierung auf die Stellung im Wirtschaftssystem zurückgeführt wird.

Was spricht für, was gegen diese Erklärung? Reichweite und Grenzen

Bei der Diskussion der Armutsrisikofaktoren wurde dargelegt, dass es sich hierbei um *Anlässe* handelt, die die Armut zur Erscheinung bringen, sie jedoch nicht erklären können: Nicht jede*r, der sich scheiden lässt oder viele Kinder hat, wird arm; in Latenz ist diese Eigenschaft bei den hiervon Betroffenen also bereits unterstellt. Die Klassentheorie bzw. Marxens Charakterisierung der doppelt freien Lohnarbeiter*innen liefert die Antwort, welche Bestimmung in einem solchen Fall an die Oberfläche tritt: Menschen, die auf den Verkauf ihrer Arbeitskraft angewiesen sind, um sich ernähren zu können, mindern ihre Chancen auf dem Arbeitsmarkt, wenn sie bspw. weniger flexibel einsetzbar sind, weil sie viele Kinder haben, alleinerziehend sind, eine Behinderung haben oder aufgrund der „Gefahr“, schwanger zu werden. Sämtliche Armutsrisikofaktoren scheinen also in der Eigenschaft der Menschen als abhängig Beschäftigte ihre *Ursache* zu finden. Insofern wird ihr Lebensstandard wesentlich durch ihre Stellung – wenn auch nicht im „Produktionsprozess“ – in der Wirtschaft bestimmt. In Klammern – da dies hier zu weit führen würde – sei erwähnt, dass der oft vorgebrachte Einwand, Marx habe nur an Fabrikarbeitende gedacht und sei insofern angesichts der heutigen Dienstleistungsgesellschaft veraltet, nicht zutreffend ist (vgl. MEW

24). Im Globalen Norden jedenfalls erkennt man den „virtuellen Pauper" nicht so „pur", weil die potenzielle Mittellosigkeit durch Arbeitsschutzgesetze und den Sozialstaat abgefedert, modifiziert und kompensiert wird. Im Globalen Süden jedoch zeigt sich diese häufig noch in ihrer unmittelbaren Form: Wer arbeitslos ist, ist zumeist absolut arm; wer einen Job hat, ist ihr je nach (nicht-)existierenden Arbeitsschutzgesetzen etc. nicht automatisch entkommen.

Damit ist jedoch zugleich ein Argument angesprochen, das gegen die Klassentheorie als monokausale Erklärung spricht. So zeigen Milanovićs breite empirische Studien, dass die Klassenzugehörigkeit der Eltern für die Positionierung in der Einkommenshierarchie zwar nach wie vor wichtig ist, im 21. Jahrhundert jedoch ein größerer Teil des Status eines Individuums durch den Geburtsort erklärt werden kann (vgl. Milanović 2022, 49), worauf im nächsten Abschnitt weiter eingegangen wird. Diese Erkenntnis macht die Klassentheorie nicht obsolet, aber es wird deutlich, dass die ökonomische Erklärung erweitert werden muss. Dies zeigt sich auch an den Debatten über *Intersektionalität*: So müssen Mehrfachbenachteiligungen, bspw. aufgrund von Geschlecht und Herkunft, mitgedacht werden (vgl. Lucht 2021, 11).

Hinsichtlich des Globalen Nordens stellt sich noch eine weitere Frage. Wenn die ursprüngliche Bestimmung der doppelt freien Lohnarbeitenden so sehr durch das soziale Sicherungsnetz und die Arbeitsschutzgesetze modifiziert wurde – liegt dann das ursprüngliche Wesen noch vor oder bedeutet es heutzutage etwas ganz anderes, abhängig Beschäftigte*r zu sein als im „Manchesterkapitalismus"? Zumal hierbei auch die enorme Ausdifferenzierung innerhalb der „Klasse" bzw. die Einkommenshierarchie berücksichtigt werden muss: Abhängig Beschäftigte können heutzutage im Globalen Norden auch einen sehr hohen Lebensstandard erreichen, sodass das Merkmal, Teil der „Arbeiterklasse" zu sein, kaum ausreicht, um automatisch arm zu sein.

Weiterführende Literatur

Bourdieu, Pierre (1987/2012): Die feinen Unterschiede. Kritik der gesellschaftlichen Urteilskraft. Frankfurt/M.

Marx, Karl/Engels, Friedrich: Das Kapital, Kritik der politischen Ökonomie, Erster Band: Der Produktionsprozeß des Kapitals, in: MEW 23, 1962 ff.

Marx, Karl/Engels, Friedrich: Grundrisse der Kritik der politischen Ökonomie. In: MEW 42, 1981 ff.

Pistor, Katharina (2023): Der Code des Kapitals. Wie das Recht Reichtum und Ungleichheit schafft. Aus dem Amerikanischen von Frank Lachmann. Berlin.

Staatsbürgerschaftsprivileg und Staatsbürgerschaftsstrafe

„Im Extremfall kann man fragen: Was ist eigentlich eine Staatsbürgerschaft noch wert, wenn das Staatsgebiet zu Plantagen herabgestuft wird, die in ausländischen Besitz sind, während alles andere – Tier- und Pflanzenwelt, Dörfer, Kleinbauern und die traditionellen Regeln, nach denen Grundbesitz oder die Nutzung des Landes organisiert waren – vertrieben wird?" (Sassen 2015, 136)

Worin liegt Armut begründet? Vorstellung der Ursache

In der deutschen Debatte um Armutsursachen scheint diejenige der nationalen (Nicht-)Zugehörigkeit völlig unterbelichtet, obwohl sie im 21. Jahrhundert vermutlich die wichtigste Bestimmung zur Erklärung des Wohlstands bzw. der Armut einer Person darstellt. Das „Staatsbürgerschaftsprivileg" besteht in der Anerkennung und materiellen Inklusion der national definierten Menschen, mit der zugleich die Exklusion all derjenigen einhergeht, die keinen Bürgerstatus beanspruchen können. Letztere tragen eine „Staatsbürgerschaftsstrafe", insofern sie im „falschen", armen Land geboren wurden. Im Extremfall bedeutet dies, was Sassen im Eingangszitat in drastischen Worten geschildert hat; ihr Status ist kaum etwas wert und im Zweifel können sie sogar von Land Grabbing, also dem Verlust ihrer Lebensgrundlage durch Verkauf ihres Landes an ausländische Investoren, betroffen sein.

Um ihre materielle Lebenssituation zu verbessern, bleibt ihnen nur die Migration. Zwar zeigen Studien – u.a. von

Milanović –, dass sie dadurch in der materiellen Einkommenshierarchie aufsteigen; jedoch sind sie in der neuen Gesellschaft häufig von Armut relativ zum Reichtum in der Einwanderergesellschaft betroffen. Migration kann einen Ausweg aus der extremen Armut und zugleich einen Risikofaktor für relative Armut darstellen. Diese Ursache für materielle Deprivation verweist außerdem auf die Frage nach den Gründen der Armut von Staaten, der im folgenden Abschnitt nachgegangen wird.

Was spricht für, was gegen diese Erklärung? Reichweite und Grenzen

Neueste Forschungen zeigen eindrucksvoll, dass die Staatsbürgerschaft eines Menschen im 21. Jahrhundert die stärkste soziale Determinante darstellt. In der Zeit vor der Mitte des 20. Jahrhunderts im entstehenden Kapitalismus war „die Gesellschaft klar in Kapitalisten und Arbeiter unterteilt" (Milanović 2021, 34) – die zuvor besprochene Ursache der Klassenzugehörigkeit stellte also die wichtigste Bestimmung zur Erklärung der sozialen Positionierung eines Menschen dar. Auch damals schon ließen sich Tendenzen der Untergliederung der Arbeiterklasse erkennen. Engels, Bucharin und Lenin sprechen von einer sogenannten „Arbeiteraristokratie", die wie alle anderen doppelt freien Lohnarbeiter*innen nicht über Produktionsmittel verfügt, aber von den Kapitalist*innen sehr gut bezahlt wird. Lenin zufolge werden sie „bestochen" durch das hohe Salär, sind also für den Kapitalismus und „verraten" damit ihre Klassenbrüder und -schwestern. Was also damals entstand, hat sich heute allgemein auf die abhängig Beschäftigten des Globalen Nordens ausgebreitet; qua Staatsangehörigkeit eines reichen und mächtigen Landes gehören sie im globalen Vergleich zu den einkommensstarken Personen (vgl. Milanović 2016, 2021, 2022).

Der Geburtsort ist eine rein zufällige Tatsache und so stellt sich die Frage der Rechtfertigung solch gravierender Unterschiede; auch aus Sicht der Leistungsgerechtigkeit und Chancengleichheit scheint diese wesentlichste Determinante des 21.

Jahrhunderts nicht legitimierbar zu sein. Wie Papst Franziskus schreibt, „muss doch immer daran erinnert werden, dass der Planet der ganzen Menschheit gehört und für die ganze Menschheit da ist und dass allein die Tatsache, an einem Ort mit weniger Ressourcen oder einer niedrigeren Entwicklungsstufe geboren zu sein, nicht rechtfertigt, dass einige Menschen weniger würdevoll leben" (Papst Franziskus 2013, 122). Inwiefern dem begegnet werden kann, wird im Kapitel über die Gegenmaßnahmen diskutiert werden.

Weiterführende Literatur

Milanović, Branko (2016): Die ungleiche Welt. Migration, das eine Prozent und die Zukunft der Mittelschicht. Berlin.

Milanović, Branko (2021): Kapitalismus global. Über die Zukunft des Systems, das die Welt beherrscht, Sonderausgabe für die Bundeszentrale für politische Bildung. Bonn 2021.

4.2 Ursachen für Armut von Staaten

Auch in diesem Kapitel werden die Ursachen nach der m.E. steigenden Erklärungskraft der einzelnen Faktoren geordnet, von der Korruption über den Kolonialismus hin zu den daraus resultierenden aktuellen politischen und ökonomischen Beziehungen.

Korruption

„Je größer die Korruption ist, desto größer sind auch die Einkommensunterschiede in einem Staat. Dabei ist auch eine umgekehrte Kausalität plausibel, nach der Ungleichheit Korruption fördert." (bpb 2021)

Worin liegt Armut begründet? Vorstellung der Ursache

„Korruption ist der Missbrauch anvertrauter Macht zum privaten Nutzen oder Vorteil", so eine gängige Definition (Transparency International Deutschland 2023a). Sie bringt einer Person oder einer Gruppe Vorteile oder Privilegien, zum Beispiel beim Zugang zu Ressourcen, die eigentlich der Allgemeinheit dienen sollten. Anstelle transparenter Verfahren funktioniert Korruption über persönliche Kontakte (Nepotismus, Klientelismus, Patronage; vgl. Stöber 2020, 11). Um Zugang zu den Ressourcen zu erlangen, Gesetze zu umgehen oder im eigenen Sinne zu beeinflussen, können Bürger*innen oder Politiker*innen bestochen werden (ebd., 12). Am Ende des Rankings des „Korruptionswahrnehmungsindex" (Corruption Perceptions Index, CPI) finden sich Venezuela, Syrien, Südsudan, Somalia (vgl. Transparency International Deutschland 2024), während Dänemark, Finnland und Neuseeland die vordersten Plätze belegen. Generell also findet man am oberen Ende demokratische Länder mit einem starken Rechtsstaat, weiter unten auf der Skala insbesondere von Krieg und Konflikt geprägte Länder mit kaum öffentlichen Institutionen (ebd.)

Hier liegt nun auch der Zusammenhang zum Phänomen der Armut begründet. In vielen ärmeren Ländern der Welt ist Korruption für Menschen, die in schlecht bezahlten Berufen arbeiten, geradezu erforderlich, um sich das Existenzminimum zu sichern (vgl. Friesen 2020, 187). Laut BMZ ist Korruption zugleich Ursache wie Folge von Armut: Auf wirtschaftlicher Ebene hemmt sie Entwicklung, die von der Investitionsbereitschaft der Unternehmen abhängt. Rechtsunsicherheit oder verzerrter Wettbewerb schmälern allerdings das Vertrauen und schrecken ab. Auf politischer Ebene kann sie Reformvorhaben und Entwicklung verhindern und führt außerdem zu einer fehlenden angemessenen Repräsentation der Bevölkerung (vgl. BMZ 2024a). Als unmittelbare Folgen für die einfache Bevölkerung kann sich ein erschwerter Zugang zu öffentlichen Dienstleistungen, der Gesundheitsversorgung und den Bildungseinrichtungen ergeben (ebd.). Hinzu kommt, dass dem Allgemeinwohl Einnahmen entgehen, wenn Politiker*innen in ihrer Rolle als Privatpersonen „geschmiert" werden.

In extremen Fällen kann Korruption Menschen auch direkt schädigen, insofern viele gekaufte Projekte mit Menschenrechtsverletzungen einhergehen. „Menschenhandel, Landraub,

Zerstörung der Lebensgrundlagen etwa durch Bergbau oder Waldrodungen“ (Transparency Deutschland 2023b) können die Folge sein. Häufig sind vor allem besonders vulnerable Personengruppen betroffen, wie der Einsturz des Fabrikgebäudes Rana Plaza 2013 in Bangladesch mit 1.100 Toten zeigt (ebd.).

Ungleichheit ist nicht gleich Armut, aber natürlich existieren Berührungspunkte. Der im Eingangszitat angesprochene Zusammenhang zwischen Ungleichheit und Korruption lässt sich auch mit den Resultaten im Kontext des Gini-Koeffizienten belegen. Dies liegt den Forschenden zufolge vor allem darin begründet, dass „die vermögenden Schichten über mehr Möglichkeiten verfügen, zu bestechen“ (bpb 2021; Transparency International 2014, 6), während die Ärmeren keinerlei Einfluss ausüben können, sodass sich die Schere zwischen Arm und Reich weiter spreizt.

Was spricht für, was gegen diese Erklärung? Reichweite und Grenzen

Die hohe Korrelation zwischen von Armut betroffenen Staaten und einer weitverbreiteten Korruption ist belegt. Gerade instabile politische Systeme ohne flächendeckendes Gewaltmonopol und Rechtsstaat sind massiver betroffen. Dadurch, dass der Zugang zu Ressourcen von einer bestimmten Gruppe abgesichert wird, werden andere davon exkludiert, was zu Armut führen kann. Gerade im Kontext von Ressourcenabbau führt Korruption unmittelbar zu Armut und Vertreibung, wenn Projekte nur aufgrund der illegalen Zahlungen durchgeführt werden. Auch der Staatskasse entgehen Einnahmen, sodass Korruption also auch eine Mitursache für die Armut von Nationen darstellt.

Allerdings stößt diese Erklärung auch an Grenzen. Sie kann kaum als Wurzel der globalen Ungleichheit und Armut einzelner Staaten verstanden werden. Zum einen nimmt sie zwar in manchen Nationen endemische Ausmaße an; dennoch müssen auch in diesen Fällen andere Gründe wie die „Vererbung“ von Macht etc. Berücksichtigung finden. Und zum anderen stellt sich die Frage nach Ursache und Wirkung, die dem

Eingangszitat zufolge nicht in eine Richtung aufgelöst werden kann: Weil ein Staat arm ist, kann Korruption im großen Maße stattfinden; und zugleich befördert sie die Verarmung. So oder so müssen also auch andere Faktoren miteinbezogen werden.

Weiterführende Literatur

Friesen, Hans (2020): Im Spannungsfeld von Korruption, Armut, Globalisierung und Verantwortung. Das Problem der Korruption in der globalen Wirtschaft und die Verantwortung der Unternehmen als Thema einer interkulturellen politisch-philosophischen Ethik. In: ders. (Hg.): Im globalen Spannungsfeld der Korruption. Analysen eines Phänomens aus interdisziplinären Perspektiven. Freiburg. S. 183–225.

Kolonialismus

„Es ist schwierig für Europa, die Armut in Afrika zu diskutieren, ohne sich schuldig zu fühlen. Es ist eine Tatsache, dass ein großer Teil Europas mit Hilfe von Ressourcen aus Afrika aufgebaut wurde." (Mbatia 2019, 152)

Worin liegt Armut begründet? Vorstellung der Ursache

Die Zeiten des offenen Kolonialismus sind weitgehend vorbei und dennoch stellt diese historische Episode nach wie vor einen wesentlichen Grund für die Armut vieler Staaten heute dar. Denn das koloniale Unrecht hat nicht nur im Moment des Geschehens für Armut und Leid gesorgt, sondern bestimmt ganz wesentlich die *Positionierung in der Hierarchie der Staatenwelt heute*: „Das Element der Unterordnung und Abhängigkeit ist für das Verständnis der heutigen Unterentwicklung Afrikas von entscheidender Bedeutung, und seine Wurzeln liegen weit zurück in der Ära des internationalen Handels" (Rodney 1972, 128, eigene Übersetzung). Sich dies zu vergegenwärtigen und damit ein kollektives Bewusstsein für die Ursprünge der Teilung der Welt in Globalen Norden und Globalen Süden zu schaffen, ist deswegen von enormer Wichtigkeit (vgl. Hickel 2017, 91).

Der kamerunische Professor für Politikwissenschaft Tatah Mentan definiert Kolonialismus als „Beherrschung oder Verdrängung indigener Bevölkerungen durch Siedlerkolonien, die über ihre nationalen Grenzen hinaus Souveränität beanspruchen" (Mentan 2018, 9, eigene Übersetzung). Kennzeichen des Kolonialismus – auch im Gegensatz zum Imperialismus, bei dem dieses Merkmal nicht vorliegen muss – ist also die physische Einnahme des anderen Gebietes. Es lassen sich unterschiedliche Typen von Kolonien wie Beherrschungskolonien, Stützpunktkolonien, Siedlungskolonien unterscheiden (vgl. Osterhammel 2003). Was rechtfertigt die These, dass der Kolonialismus den Grund für die Unterordnung und Abhängigkeit Afrikas darstellt, wie dies der guyanische Intellektuelle und Aktivist Rodney formuliert?

Rodneys bekanntestes Werk, in dem er seine These ausführt, trägt den programmatischen Titel „How Europe Underdeveloped Africa" (1972). Als wesentlicher Beitrag zur Unterentwicklung ist u.a. der Sklavenhandel zu nennen. Abgesehen von der moralischen Dimension (vgl. Rodney 1972, 113) führte er zu einer Bevölkerungsstagnation, die eine ökonomische Entwicklung aufgrund des Arbeiter*innen-Mangels verhinderte. Der Sklavenhandel hielt die übriggebliebenen Gesellschaften davon ab, die eigene Landwirtschaft oder Industrie zu entwickeln. Außerdem wurde die Wirtschaftlichkeit der kolonialisierten Länder zerstört, indem rohe Baumwolle aus Afrika exportiert und die produzierte Kleidung aus Europa importiert wurde. Der technologische Fortschritt Europas erlaubte es den Kolonisatoren also, den afrikanischen Kontinent auf die Rolle als Ressourcen-Lieferant festzulegen, was bis heute zu einer enormen Abhängigkeit von den Endprodukten führt. Das in Europa immer weiter akkumulierte Kapital repräsentiert also Reichtum, der durch ungleichen Handel und Sklaverei erwirtschaftet wurde (ebd., 118). Die fehlende Technisierung und Industrialisierung kolonisierter Länder sowie umgekehrt der zunehmende technische Vorsprung Europas stellen Rodney zufolge eine direkte Folge der Kolonisation dar. Die Ausbeutung der Körper indigener Menschen sowie die Ausbeutung der Ressourcen hatten einen enormen ökonomischen Nutzen für die europäischen Länder. Aber nicht nur direkt, sondern auch indirekt: Beispielsweise konnte durch den Zuckerimport rund 22 Prozent der Kalorien der Bevölkerung in Großbritannien gedeckt werden. Das hatte zur Folge, dass weniger Landwirtschaft betrieben werden musste, wodurch mehr Arbeitskräfte für die Industrie freigesetzt wurden (vgl. Hickel 2017, 102).

Der Kolonialismus hat also durch den Sklavenhandel, den Ressourcenklau, die entsprechende Infrastruktur, die zerstörerischen Eingriffe in die Gesellschaften etc. dafür gesorgt, dass die betroffenen Staaten auf die Bedürfnisse des Nordens ausgerichtet waren. Hinzu kommt, dass auch die Befreiungskämpfe menschliche Kosten bedeuteten und Kräfte banden, die ansonsten zu einer Fortentwicklung der Länder hätten beitragen können. Zudem wurden viele Staaten mit massiven Schulden bei den ehemaligen Kolonialherren in die Unabhängigkeit „entlassen" (vgl. Ezenwe 1993, 35), was eine zusätzliche Bürde darstellte.

Was spricht für, was gegen diese Erklärung? Reichweite und Grenzen

Kolonialismus und die damit einhergehenden Konsequenzen stellen reichlich erforschte Fakten dar; insofern kann hierüber nicht diskutiert werden wie bspw. über die Erklärungskraft der Theorie der Klassengesellschaft. Die Stimmen, die den Kolonialismus mit Verweis auf angebliche Sklavenbefreiung oder den Bau von Infrastruktur rechtfertigen, werden leiser – lässt sich doch kaum bestreiten, dass die Investitionen in Häfen und Straßen „nur einem Zweck [dienten, I.S.]: dem Export afrikanischer Ressourcen in die europäischen Metropolen" (Bagayoko 2022, 157). Hinsichtlich der Reichweite scheint mir zentral zu verstehen, inwiefern es sich nicht nur um eine geschichtliche Epoche handelt, sondern hier der historische Grund dafür liegt, wie die ehemaligen Kolonien *nach* Erlangung der Unabhängigkeit in den Weltmarkt eingetreten sind. Die Souveränität, die sie erlangten, nahm in vielen Fällen einen rein formalen Charakter an, insofern sie ökonomisch und damit auch machtpolitisch den ehemaligen Kolonialherren unterlegen waren. Umgekehrt hat die ökonomische Ausbeutung der Kolonien zum Reichtum der Metropolen, also auch zu deren Status und Vorsprung auf dem Weltmarkt ganz wesentlich beigetragen. Damit war auf der einen Seite die untergeordnete und auf der anderen Seite die übergeordnete Position in der Hierarchie der Staatenwelt vorprogrammiert. Die ehemaligen Kolonien mussten nachteilige Bedingungen in Handelsabkommen, untergeordnete Positionen in internationalen Organisationen, weitgehende Eingriffe in ihre Souveränität bei Kreditaufnahme etc. akzeptieren. Damit war die Basis gelegt für die ungleichen ökonomischen und machtpolitischen Beziehungen zwischen den Staaten, die sich heute beobachten lassen.

Weiterführende Literatur

Langan, Mark (2018): Neo-colonialism and poverty of „development“ in Africa. Newcastle.

Nkrumah, Kwame (1965): Neo-colonialism. The last stage of imperialism. New York.

Rodney, Walter (1972): How Europe underdeveloped Africa. London.

4.3 Übergeordnete Ursachen

„Den eigenen Wohlstand zu wahren, indem man ihn anderen vorenthält, ist das unausgesprochene und uneingestandene Lebensmotto der ‚fortgeschrittenen' Gesellschaft im globalen Norden – und ihre kollektive Lebenslüge ist es, die Herrschaft dieses Verteilungsprinzips und die Mechanismen seiner Sicherstellung vor sich selbst zu verleugnen." (Lessenich 2016, 19)

Worin liegt Armut begründet? Vorstellung der Ursache

Bislang wurden die Ursachen für die Armut von Staaten und Individuen getrennt behandelt und bis auf den Kolonialismus das Entstehen von Armut von dem des Reichtums getrennt. Allerdings existieren auch Ansätze, in denen diese Punkte zusammengedacht werden. Weswegen sind Staaten und Individuen, also ganze Gesellschaften und ihre Institutionen von Armut betroffen bzw. weswegen verfügen andere Gesellschaften über einen solchen Wohlstand, dass selbst die Ärmsten unter ihnen im Vergleich mit den armen Gesellschaften noch relativ reich sind?

Die Konzepte „imperiale Lebensweise" von Ulrich Brand und Markus Wissen sowie die „Externalisierungsgesellschaft" von Stephan Lessenich betonen, dass Armut nicht sinnvoll erfasst werden kann, wenn sich der Blick nicht auch auf die Frage richtet, wem die jetzigen Strukturen nutzen. „Was es allein gibt, sind asymmetrische Weltinnenverhältnisse: eine globale Lebenswelt, die durch miteinander in Beziehung stehende Ungleichheitsstrukturen weltgesellschaftlich eingebettet sind" (Lessenich 2018, 54). Es gibt also kein „Außen", sondern es handelt sich um einen Weltmarkt, ein Weltsystem, in dem die Ungleichheit zwischen den Nationen zueinander in Beziehung steht. Da beide Theorien große Ähnlichkeiten aufweisen, werden sie im Folgenden in einem Abschnitt dargelegt.

Die imperiale Lebensweise

Das Leben der Menschen im Globalen Norden basiert Wissen und Brand zufolge auf der Ausbeutung des Globalen Südens. Die hier gelebte sogenannte imperiale Lebensweise besagt, „dass das alltägliche Leben in den kapitalistischen Zentren wesentlich über die Gestaltung der gesellschaftlichen Verhältnisse und der Naturverhältnisse andernorts ermöglicht wird: über den scheinbar unbegrenzten Zugriff auf das Arbeitsvermögen, die natürlichen Ressourcen und die Senken [...] im globalen Maßstab" (Brand/Wissen 2017, 43). Allein aufgrund der billigen Verfügbarkeit von Arbeitskräften und Rohstoffen können wir den beiden zufolge also im relativen Wohlstand leben. Die imperiale Lebensweise ist gekennzeichnet durch enormen Konsum, befeuert durch das kapitalistische System im Globalen Norden und einer kleineren Gruppe im Globalen Süden (ebd., 12). Sie beruht auf herrschenden „Produktions-, Distributions-

und Konsumnormen, die tief in die politischen, ökonomischen und kulturellen Alltagsstrukturen und -praxen der Bevölkerung im globalen Norden und zunehmend auch in den Schwellenländern des globalen Südens eingelassen sind" (ebd., 44). Dabei ist der Begriff des *Alltagshandelns* zentral: In bewusster Abgrenzung zu Theorien des „Imperialismus", in denen Staaten als Subjekte der Ausbeutung anderer Weltregionen aufgefasst werden, sind wir alle es, die durch unsere Lebensart den Globalen Süden ausbeuten und hiervon profitieren. Es sind also nicht allein die Unternehmen und die Staaten, wie im klassischen Marxismus, sondern wir alle, die sich an den Armen dieser Welt bereichern.

Natürlich sind diese Alltagshandlungen stets eingebettet in einen gesellschaftlichen Kontext; nur durch die Strukturen des Systems können – und müssen – wir so handeln. Der Kauf eines Autos bspw. stellt die bewusste Entscheidung eines Menschen dar. Allerdings ergibt sich der Kauf nicht nur aus einer individuellen Abwägung der Kosten und Nutzen, sondern auch andere Faktoren wie infrastrukturelle oder institutionelle sowie gesellschaftliche Leitbilder spielen eine Rolle. Konkret können das ein gut ausgebautes Straßennetz, Kaufanreize oder auch Statuskonkurrenz sein (ebd., 49). Die genannten Faktoren und Leitbilder beeinflussen die Kaufentscheidung also bewusst oder unbewusst und lassen sie rational und normal erscheinen. Durch die ihr zugeschriebene Rationalität verschwinden die sie begründenden und reproduzierenden Voraussetzungen, die überhaupt erst möglich machen, dass die Entscheidung getroffen werden kann (ebd.), aus dem Bewusstsein.

Auf gesellschaftlich-struktureller Ebene ist nach Brand und Wissen vor allem zu beleuchten, dass der Kapitalismus in den Zentren und zunehmend in Schwellenländern seine Produktivität u.a. nur durch die konsequente Inanspruchnahme von Natur und Arbeitskraft andernorts erreichen kann. Das ist die Voraussetzung für „unseren" Lebensstil im Globalen Norden (ebd.). Durch diese Konstellation ergibt sich ein ungleicher ökologischer Tausch, der anhand des folgenden Beispiels verdeutlicht wird: Ein von Kleinbauern und -bäuerinnen extensiv (auf großen Flächen, aber mit verhältnismäßig geringem Aufwand betrieben) genutztes Land im Globalen Süden wird zur Brache deklariert. Das Gewohnheitsrecht, dem es bis dato unterlag, wird in ein formales Rechtssystem umgewandelt, das sich zum Nachteil der bisherigen Nutzer*innen auswirkt. Wird dieses Land dann an einen Energiekonzern aus dem Globalen Norden veräußert und eine Eukalyptus-Plantage angelegt, um CO_2 zu sparen und somit dem Globalen Norden als Möglichkeit zu dienen, einen Teil seines Emissionsreduktionsplans einzuhalten, wird dieses Land in den internationalen Emissionshandel integriert. Es handelt sich also um einen marktvermittelnden Vorgang der Enteignung, anschließender Privatisierung und abschließender Integration in den Weltmarkt (ebd., 50). Vormals gemeinschaftlich genutztes Land wird folglich einer grün-kapitalistischen Tauschwertlogik unterworfen, damit der Globale Norden auf moralisch fragwürdige Art seine Lebensweise aufrechterhalten und rechtfertigen kann (ebd., 50 f.).

Die Externalisierungsgesellschaft

Der überproportional große Zugriff auf Ressourcen und die damit verbundene imperiale Lebensweise im Globalen Norden und in manchen Schwellenländern bringen Folgen mit sich, die Stephan Lessenich als „Externalisierung" und die jeweilige Gesellschaft als „Externalisierungsgesellschaft" beschreibt. Externalisierung bedeutet terminologisch zunächst eine Auslagerung von etwas, aus dem Inneren in das Außen. Bekannt ist diese Terminologie in Bezug auf Firmen, die die negativen Effekte ihrer Produktion in andere Länder auslagern, jedoch kann dieser Mechanismus Lessenich zufolge auch auf größere soziale Einheiten angewandt werden: „Externalisierung heißt in diesem Sinne: Ausbeutung fremder Ressourcen, Abwälzung von Kosten auf Außenstehende, Aneignung der Gewinne im Inneren,

Beförderung des eigenen Aufstiegs bei Hinderung (bis hin zur Verhinderung) des Fortschreitens anderer" (Lessenich 2016, 25).

Das Konzept hat den Anspruch einer Perspektiverweiterung, indem weltgesellschaftliche Ungleichheitsverhältnisse in den Blick genommen und deren wechselseitige Interdependenz herausgestellt wird: „Die Lebens- und Entwicklungsbedingungen, Arbeits- und Produktions-, Mobilitäts- und Konsumbedingungen an einem ‚Ort' der Weltsozialstruktur hängen mit dem gesamten Bündel von Lebens-, Entwicklungs- und so weiter -bedingungen ‚andernorts' zusammen" (ebd., 54). Das Verhältnis von Nord und Süd konstituiert sich durch ihre strukturelle Verflochtenheit. Aufgrund dieser Interdependenz ist nach Lessenich eine rein nationale Betrachtung von Ungleichheit analytisch wenig sinnvoll (ebd.), wie dies in der Einleitung mit Bezug auf Wallersteins Weltsystemtheorie dargelegt wurde.

Wie auch bei der imperialen Lebensweise, so ist für das Konzept der Externalisierungsgesellschaft die Annahme zentral, dass die Logik der Externalisierung durch real agierende Akteure getragen und ermöglicht wird. Dabei meint Lessenich nicht nur Großkonzerne sowie die Politik, sondern ebenso die gesellschaftliche Mehrheit der westlichen Welt (ebd., 25). Explizit sind damit auch „wir" als Bürger*innen der reichen industriekapitalistischen Länder gemeint, die in „in stillem Einvernehmen" in diesem System und darin auch gut leben (ebd.).

Wie können „wir" aber in dem Bewusstsein leben, dass unser Wohlstand auf der Ausbeutung der Menschen sowie der Natur andernorts beruht? Lessenich zufolge ist der Prozess der Bewusstseinsauslagerung Teil der Externalisierungsgesellschaft; ihr ist also auch eine *psychologische* Externalisierung immanent, insofern wir kollektiv das Wissen um die Voraussetzungen unserer Lebensweise verdrängen (Lessenich 2018, 67).

Was spricht für, was gegen diese Erklärung? Reichweite und Grenzen

Brand/Wissen und Lessenich kommt das große Verdienst zu, die globalen Ungleichheitsverhältnisse fokussiert zu haben. Wie schon mehrmals erwähnt, spielt der Geburtsort heutzutage eine zentrale Rolle zur Erklärung unseres materiellen Lebensstandards. Deswegen ist es naheliegend, den Blick nicht nur auf Ungleichheit und Armut innerhalb einer Nation, sondern auch *zwischen* den Nationen zu richten; dennoch wird dies in den deutschsprachigen Sozialwissenschaften sehr wenig getan. Beide Theorien leisten es hierbei, Wallersteins häufig sehr abstrakt anmutende Weltsystemtheorie auf die konkreten Lebenspraktiken der Individuen im Globalen Norden herunterzubrechen und anschaulich an Alltagspraktiken darzustellen. Außerdem zeigen sie in ihren Analysen die Interdependenz zwischen Reichtum auf der einen und Armut auf der anderen Seite, während viele andere Theorien beides als scheinbar getrennt auftretende und zu verstehende Phänomene behandeln. Gerade an den globalen Lieferketten und konkreten Produkten wie dem iPhone lassen sich die globalen Abhängigkeits- und Ausbeutungsverhältnisse plastisch darstellen (vgl. Fischer/Reiner/Staritz 2021).

An den Konzeptionen Brands, Wissens und Lessenichs gibt es selbstverständlich auch Kritik. Die vermutlich pointierteste stammt von der Politikwissenschaftlerin Stefanie Hürtgen, die diese explizit aus solidarischer Perspektive übt (vgl. Hürtgen in PROKLA 1/2020, 171–188). Sie kritisiert, dass Brand/Wissen mit ihrer Analyse einen Ansatz wählen, bei dem am Alltagshandeln der Menschen angesetzt wird. So werden handelnde Subjekte auf deren Eigenschaft als *Konsument*in* reduziert. Dieser Vorgang geschieht dadurch, dass Brand und Wissen von einem habitualisierten und verinnerlichten Konsumleitbild ausgehen. Folgt man Hürtgens Argumentation, sind Menschen jedoch vielmehr eigensinnig handelnde Subjekte mit einem widersprüchlichen (Alltags-)Handeln (ebd., 176ff.). Statt den Fokus auf den Konsum zu richten, muss Hürtgen zufolge die privatkapitalistische Vergesellschaftung in ihrer strukturellen Gewaltförmigkeit kritisiert werden. Konkret bedeutet dies, dass Eigentums- und Profitlogiken thematisiert und politisiert werden müssen, weil die Analyse andernfalls in „simple" Konsumkritik mündet (Hürtgen 2020, Min. 23:00 ff. [Video]).

Außerdem kann diskutiert werden, inwiefern das von Lessenich, Brand und Wissen thematisierte und kritisierte „nördliche Wir", das von der Armut und Ausbeutung des Globalen Südens profitiert, tatsächlich existiert. Kann ein einheitliches „Wir hier" einem „Wir dort" gegenübergestellt werden, oder sind Staaten, Regionen und Kontinente nicht zu sehr *in sich* gespalten, um allein auf diese beiden Strukturkategorien zurückzugreifen? Und ist nicht der Globale Süden durch Migration und prekärste Beschäftigung der Immigrant*innen mittlerweile auch im Globalen Norden beheimatet sowie umgekehrt der Globale Norden durch reiche Eliten im Globalen Süden (vgl. Hürtgen 2018, o.S.)?

Ein weiterer Kritikpunkt, der vor allem im Eingangszitat Lessenichs zum Ausdruck kommt, lässt sich mit dem Begriff des Nullsummenspiels zusammenfassen. Bisweilen scheint es so, als würde die Theorie unterstellen, dass der Globale Norden gewinnt, was der Globale Süden verliert. Kann es jedoch kein *globales* Wachstum geben? Natürlich ist ein solches nicht widerspruchsfrei, da die Nationen um möglichst große Anteile am Wachstum kämpfen. Aber das Beispiel China zeigt, dass Unternehmen von neu entstehender Kaufkraft, also der Ausweitung ihrer Absatzmärkte profitieren und es so zu einem weltweiten Zuwachs des BIPs kommen kann. Ausländische Direktinvestitionen stellen kein negatives „Externalisieren", sondern einen willkommenen Devisenfluss verknüpft mit der Schaffung von Arbeitsplätzen dar. Wie bereits Marx analysiert hat, unterstellt die Akkumulation an einer Stelle diejenige an einer anderen, sodass trotz der Konkurrenz Unternehmen, Staaten und letztlich die Bürger*innen vom Wachstum anderswo auch profitieren können.

Weiterführende Literatur

Brand, Ulrich/Wissen, Markus (2017): Imperiale Lebensweise. Zur Ausbeutung von Mensch und Natur im globalen Kapitalismus. München.

Lessenich, Stephan (2018): Neben uns die Sintflut. Wie wir auf Kosten anderer leben. München.

4.4 Armutsursachen und sozial-ökologische Transformation

Auch die Klimakrise und die Klimapolitik stellen eine Ursache für (verschärfte) Armut dar und sollen deswegen in diesem Abschnitt behandelt werden.

Klimakrise als Grund für (verschärfte) Armut

„Solange diejenige, die unter den Folgen von Naturkatastrophen, dem Klimawandel und Marginalisierung am meisten leiden, nicht in den Diskurs über eine bessere Zukunft miteinbezogen werden und dort eine führende Rolle übernehmen, wird dies [die Lösung der Klimakrise, I. S.] nicht gelingen." (Acharya 2022, 104)

Worin liegt Armut begründet? Vorstellung der Ursache

Die Klimakrise ist seit der Bewegung „Fridays for Future" ins allgemeine Bewusstsein gerückt. Dabei stellt sie kein isoliertes Phänomen dar, sondern ist eine von multiplen Krisen, die sich miteinander verschränken und wechselseitig befeuern. So trägt der bereits jetzt Konsequenzen zeitigende Klimawandel zu neu auftretenden Formen der und einer sich verschärfenden Armut bei, die wiederum Ressourcenkonflikte, Migrationsbewegungen und Kriege verursacht. Hierbei sind insbesondere ärmere und benachteiligte Bevölkerungsgruppen wie Indigene besonders vulnerabel (vgl. IPCC 2022, 7). Die Beispiele dafür sind insbesondere im Globalen Süden zahlreich und werden in den nächsten Jahren und Jahrzehnten zunehmen. Welche Phänomene sind also zu beobachten, bei denen die Klimakrise jetzt und zukünftig die Ursache für „neu" auftretende oder für sich verschärfende Armut darstellt?

Zu nennen sind bspw. die Gletscherschmelzen im Himalaya, deren Geschwindigkeit sich seit dem Jahr 2000 verdoppelt hat. Dadurch kam es bereits jetzt zu Überschwemmungen und Wasserknappheit und in Folge dessen zu Umsiedlungen insbesondere indigener Völker, die an den neuen Orten innerhalb Nepals jedoch nicht willkommen waren. Es ist davon auszugehen, dass sich die Situation in den nächsten Jahren noch verschärfen und ganze Regionen dort in ihrer Existenz bedroht sein werden (vgl. Acharya 2022, 101 ff.). Zur Klimamigration kommt es auch in Indien, wo die Temperaturen immer weiter steigen und Monsune stärker werden. Aufgrund der zunehmend unberechenbaren Regenfälle und Dürren häufen sich Ernteausfälle, sodass bereits jetzt eine „Massenmigration" aus den Bergregionen im Bundesstaat Uttarakhand zu beobachten ist (vgl. Faleiro 2022, 114 ff.). Starkregen, Dürren, Bodendegradation, Desertifikation und andere Phänomene werden den Berichten des Intergovernmental Panel on Climate Change (IPCC) zufolge weiter zunehmen, sodass immer mehr Weltregionen unbewohnbar werden und die Nahrungsmittelunsicherheit zunehmen wird (vgl. IPCC 2021, 2022).

Die überdurchschnittliche Vulnerabilität des Globalen Südens liegt auch darin begründet, dass diesen Ländern häufig die Mittel fehlen, um sich gegen den Klimawandel zu schützen. Beispielhaft zeigt sich dies im Vergleich von Bangladesch und den Niederlanden: Während sich Holland mit High-Tech-Systemen gegen den steigenden Meeresspiegel schützt, werden in Bangladesch bereits jetzt Menschen zur Flucht vor den Überschwemmungen gezwungen.

Was spricht für, was gegen diese Erklärung? Reichweite und Grenzen

Auch bei dieser Erklärung gilt, wie für den Kolonialismus, dass sie eine Tatsache darstellt, die nicht sinnvollerweise auf ihre Plausibilität hin überprüft werden kann. Wie dargestellt, ist die Klimakrise ein wesentlicher Grund für die Verschärfung der bestehenden Benachteiligung der ärmeren Länder und Menschen sowie Ursache von neu entstehender Armut; in den nächsten Jahren und Jahrzehnten wird sie zur Erklärung von Armut immer wichtiger werden.

Dabei ist diese Armutsursache auch deswegen so zentral, weil die Klimakrise wie auch der Kolonialismus eine *historische Schuld* des Globalen Nordens gegenüber den besonders vulnerablen Staaten darstellt und in den Kontext der imperialen Lebensweise und Wallersteins Weltsystemtheorie gesetzt werden muss. Zur besonderen Betroffenheit gehört nämlich auch, sich zu vergegenwärtigen, dass die Ursprünge des Klimawandels in den Zeiten der Industrialisierung und der Kolonialisierung liegen. Der Beginn der kapitalistischen Entwicklung der Zentren stellt zugleich den Anfang des massenhaften Ausstoßes von CO_2 dar. Die Rohstoffe und Arbeitskräfte des Globalen Südens wurden dabei den ökonomischen Bedürfnissen des Globalen Nordens gemäß exploitiert und so sukzessive auch der Lebensstandard der breiten Massen im Westen gehoben. Mit dem gestiegenen Lebensniveau ging wiederum ein stärkerer CO_2-Verbrauch einher – ein Zusammenhang, der auch heute noch gilt. Je höher das Einkommen einer Person, desto größer ihr CO_2-Fußabdruck. Insofern trugen und tragen also die ärmeren Staaten kaum bis wenig zur Klimakrise bei, leiden heutzutage jedoch besonders darunter. Das Zeitalter des Kolonialismus hat dem Globalen Süden also das doppelte Leid der unmittelbaren Ausbeutung sowie des Beginns der Klimakrise zugefügt. Zur adäquaten Erfassung der Armut und der damit verbundenen Verantwortung ist also nicht nur eine globale, sondern auch eine historische Perspektive unabdingbar.

Weiterführende Literatur

Kaur Paul, Harpreet/Gebrial, Dalia (Hg.) (2022): Eine Welt – ein Klima. Globale Perspektiven auf einen gerechten Green New Deal. Münster.

Nakate, Vanessa (2021): Unser Haus steht längst in Flammen. Warum Afrikas Stimme in der Klimakrise gehört werden. Leipzig.

Ökologische Transformation/Klima*politik* als Grund für „neue“ Armut

„(D)er Energiekolonialismus [wird, I.S.] derzeit lediglich durch grünen Kolonialismus und grünen Landraub ersetzt.“ (Hamouchene 2022, 91)

Worin liegt Armut begründet? Vorstellung der Ursache

Während inzwischen ein breiteres Bewusstsein dafür existiert, dass die Klimakrise globale Armut verschärft, ist der hier genannte Grund für „neue“ Armut noch weniger bekannt: Nicht nur der Klimawandel, sondern auch die Klima*politik* – also die Konsequenzen, die hieraus in Form von internationalen Klimaabkommen und nationalstaatlichen Bemühungen zur Umstellung auf erneuerbare Energien etc. gezogen werden –, werfen neue Fragen von Armut und Verteilung auf. Wenn die Antworten, die auf die Klimakrise gegeben werden, die Folgen für die ärmeren Staaten nicht mitdenken, verschärfen sich Ungleichheit und Armut. Zahlreiche Beispiele hierfür sind bereits jetzt zu sehen.

Zu nennen ist hier bspw. das für das Pariser Klimaschutzabkommen wichtige Instrument „REDD+“ (Reducing Emissions from Deforestation and Forest Degradation). Hierbei handelt es sich um ein Tool, bei dem Zahlungen für Emissionsreduzierungen durch den Schutz von Wäldern geleistet werden. Abgesehen davon, dass die Wirksamkeit bzgl. des Klimaschutzes umstritten ist, hat REDD+ in mehreren Fällen zu Verteilungskonflikten und Vertreibungen geführt. So hat der UN-Ausschuss für die Beseitigung rassistischer Diskriminierung mit Blick auf diese Programme in Indonesien vor der Vertreibung Indigener gewarnt (vgl. Anderson 2022, 83 f.). Ähnliche Berichte gibt es auch aus Brasilien und Ghana (s. auch die Studie von Albert Abraham Arhin).

Phänomene mit ähnlichem Muster lassen sich auch bei anderen Instrumenten der Klimapolitik feststellen, so auch im Kontext erneuerbarer Energien, was im Eingangszitat sehr drastisch als „Energiekolonialismus“ gekennzeichnet wurde.

Wie kommt Hamouchene, der Mitarbeiter einer NGO mit Fokus auf Nordafrika, zu dieser Charakterisierung? Beispiele hierfür finden sich in Marokko, Tunesien und im Westjordanland: Staaten kooperieren mit privaten, meist westlichen Firmen, die riesige Solarparks auf einem Gebiet errichten, auf dem andere Menschen leben. Neben der Vertreibung hat dies in Marokko bspw. auch die Folge, dass Trinkwasser für die Kühlung und Reinigung der Solarpaneele genutzt wird. Hinzu kommt, dass die einheimische Bevölkerung häufig keinen gesicherten Zugang zu Strom hat, während die produzierte Energie in den Westen fließt (vgl. Hamouchene 2022, 91 ff.).

Ähnliche Probleme zeigen sich in Bezug auf die sogenannte „klimaintelligente Landwirtschaft", bei der u.a. resistentere Sorten zum Einsatz kommen, die den neuen Anforderungen aufgrund des Klimawandels besser gerecht werden. Diese stiften jedoch gerade gegenüber Kleinbauern im Globalen Süden neue Abhängigkeiten. Dem nigerianischen Umweltaktivist und Träger des alternativen Nobelpreises Nnimmo Bassey zufolge stellen entsprechende Bemühungen um deren Implementierung – u.a. von der „Global Alliance for Climate Smart Agriculture" (GACSA), einer von der FAO ins Leben gerufene Plattform – einen „Angriff auf die Ernährungssouveränität" (Bassey 2019, 1) dar.

Was spricht für, was gegen diese Erklärung? Reichweite und Grenzen

Tatsächlich existieren inzwischen viele Beispiele, die zeigen, dass die Klimapolitik unintendiert zu einer Verschärfung von Hunger und Armut führen kann. Es ist davon auszugehen, dass das Ausmaß in den nächsten Jahren und Jahrzehnten wohl noch zunehmen wird, da die Abhängigkeit des Globalen Südens von den kapitalistisch entwickelten Staaten aufgrund von deren Technologieführerschaft bspw. in der Energiewende weiter verschärft wird. Durch internationale Klimaabkommen mit ggf. verbindlichen Klimaschutzzielen entsteht faktisch der Zwang, entsprechende Technologien auf dem Weltmarkt einzukaufen und im Falle von Ölstaaten ihre Ökonomie gänzlich umzustellen, um gegen eine Degradierung in der Hierarchie der Staatenwelt zu kämpfen. Auch hier haben wir es also mit einer Armutsursache zu tun, deren Erklärungskraft in den nächsten Jahren noch weiter wachsen wird.

Weiterführende Literatur

Arhin, Albert Abraham (2017): Translating Climate Change Policy: The Case of REDD+ in Ghana. Cambridge.

5. Wie lässt sich Armut bekämpfen? Praktizierte und diskutierte Gegenmaßnahmen

Nachdem das Ausmaß der nationalen und globalen Herausforderung, die Armut darstellt, skizziert und mögliche Ursachen diskutiert wurden, richtet sich der Blick im Folgenden auf die möglichen Abhilfen: Wie wird Armut bereits begegnet? Und wie könnte sie darüber hinaus bekämpft werden?

Maßnahmen, die bereits praktiziert werden, sind insbesondere in wohlhabenden Staaten wie Deutschland sehr zahlreich. In Abschnitt 5.1 werden lediglich einige wesentliche kurz erwähnt, um ein richtiges Bild zu vermitteln. Im nationalen Kontext wird materielle Deprivation zweifellos – wenn auch je nach Partei graduell unterschiedlich – als ein politisches Problem anerkannt, dessen sich der Staat annehmen muss. Wie dargelegt, ist dies keineswegs selbstverständlich. Politischer Streit dreht sich nicht um die Frage, ob es überhaupt einen Sozialstaat geben soll, sondern um die genaue Ausgestaltung und den Umfang der Unterstützungsmaßnahmen. Im internationalen Kontext stellt es sich anders dar: Hat Deutschland überhaupt – und wenn ja, in welchem Umfang bzw. mit welchen praktischen Konsequenzen für das politische Handeln – Verantwortung für die Linderung der globalen Armut? Diese Unterscheidung schlägt sich, wie zu zeigen sein wird, in den (nicht) praktizierten bzw. diskutierten Maßnahmen nieder.

Die Darlegung der praktizierten sowie diskutierten Gegenmaßnahmen wird weiterhin untergliedert in systemische sowie individuelle. Die Unterscheidung zwischen *systemischer* und *individueller Ebene* meint dabei selbstredend nicht, dass auf einzelne Personen bezogene Strategien ohne strukturelle Einbettung möglich wären. Ein Aufstieg im nationalen Kontext durch Bildung kann beispielsweise nur gelingen, wenn Staaten entsprechende Bildungssysteme einrichten bzw. im internationalen, wenn Bildungsabschlüsse anderer anerkannt werden. Aber die Maßnahme geht von den Individuen aus, die staatliche Intention liegt nicht (primär) in der Armutsbekämpfung. Letzteres zeigt sich auch, wenn die Leistungen und Grenzen der jeweiligen Maßnahme diskutiert werden.

5.1 Praktizierte Gegenmaßnahmen

Das folgende Kapitel ist in *individuelle* und *systemische* Gegenmaßnahmen untergliedert. Im Sinne einer möglichst kompakten Übersicht folgt die Besprechung der Maßnahmen einem einheitlichen Schema:

- Was wird getan? Maßnahme
- Auf welcher Ebene setzt sie an?
- Wie wirkt sie? Leistungen und Grenzen
- Verbesserungsmöglichkeiten/Empfehlungen
- Weiterführende Literatur

Praktizierte Maßnahmen auf individueller Ebene

Welche Maßnahmen zur Armutsbekämpfung werden von den Menschen – sowohl von den Armutsbetroffenen selbst oder den Bürger*innen allgemein – praktiziert?

Bildung

„Wer nicht lesen und schreiben kann, ist der Gnade derjenigen ausgeliefert, die es können. Er ist voll und ganz abhängig von der zuweilen fragwürdigen Ehrlichkeit und Befähigung von Rechtsanwälten und Beamten. Er kann keine Zeichen und keine offiziellen Verlautbarungen lesen. Sucht er eine Arbeit, kann er nicht in den jeweiligen Spalten der Zeitungen nachsehen, ob es etwas für ihn gibt, er muß herumlaufen in der Hoffnung, irgendwann über einen Job zu stolpern. Ist er Bauer, muß er sich auf andere Leute verlassen, die ihm sagen müssen, dass es neues Saatgut gibt. Er kennt seine Rechte kaum, und er weiß noch weniger, wie er sie durchsetzen kann. Er ist das gefundene Fressen für Ausbeuter und Betrüger." (Harrison 1987, 247)

Was wird getan? Maßnahme

In Deutschland gilt „Bildung, Bildung, Bildung" über alle Parteigrenzen, Interessenverbände und andere Organisationen hinweg als Patentrezept gegen Armut. So existiert diese Gegenmaßnahme als eine *geforderte* zur Bekämpfung materieller Deprivation, wovon auch das vierte Ziel der SDGs „hochwertige Bildung" zeugt. Zugleich wird sie auch durch ein staatliches Bildungssystem, das verpflichtend besucht werden muss, *praktiziert*. Zudem gibt es zahlreiche Maßnahmen und Unterstützungsmöglichkeiten, die den zweiten oder dritten Bildungsweg, lebenslanges Lernen durch Fortbildungen, Umschulungen etc. ermöglichen sollen. In einigen Ländern des Globalen Südens stellt sich die Situation anders dar. Ein flächendeckendes, gut funktionierendes und im wesentlichen kostenloses Bildungssystem ist häufig nicht vorhanden.

Auf welcher Ebene setzt sie an?

Die Maßnahme lässt sich sowohl als systemische als auch als individuelle begreifen. Sie ist abhängig von den institutionellen Strukturen, die die einzelne Person als Möglichkeit ihrer Verwirklichung (nicht) vorfindet, und zugleich individuell, insofern der Aufstieg durch Bildung in der Regel auch das Ziel der Einzelnen und ihrer Familien darstellt. Die stetig steigenden Ausgaben für private Nachhilfe können dafür als Indiz dienen.

Als Rezept gegen Armut setzt Bildung bei der einen Seite der bei Marx besprochenen doppelten Freiheit der abhängig Beschäftigten an. Sie lernen primäre Fähigkeiten wie Lesen und Schreiben, erwerben bestimmte Qualifikationen bzw. Ausbildungen, um als möglichst gut gebildete Personen auf dem Arbeitsmarkt auftreten zu können. Die Jobchancen und auch die Höhe des Lohnes steigen in der Regel mit der formalen Bildung; Tätigkeiten, die als „unqualifiziert" gelten und von vielen ausgeübt werden können, sind hingegen schlecht bezahlt.

Auch eine demokratisch verfasste Gesellschaft hat ein Interesse daran, dass diese individuelle Kalkulation zur Absicherung des eigenen Lebensunterhalts aufgeht. Allein wenn eine gewisse soziale Mobilität in einer Gesellschaft gegeben ist, ist das Aufstiegsversprechen der Leistungsgesellschaft glaubwürdig.

Wie wirkt sie? Leistungen und Grenzen

Der Ungleichheitsforscher Piketty kommt auf Basis seiner Forschungen zu dem Schluss, dass die Steigerung der Ausgaben für das Bildungssystem mit einer Verbreiterung des Wohlstandes einhergingen (vgl. Piketty 2021, 16). Mehr Ausgaben für das Bildungssystem und die dadurch beförderte Bildungsexpansion ging und geht also in vielen Staaten mit einer Linderung von Armut einher. Aufgrund des empirisch nachweisbaren Zusammenhangs zwischen einer guten formalen Qualifikation und einem steigenden Lohn ist diese sehr fundamentale Leistung der Bildung auch wenig erstaunlich.

Zugleich zeigen sich auch mehrere Grenzen empirischer und logischer Natur. Ein Blick auf die Zahlen offenbart insbesondere mit Blick auf den Globalen Süden ein ernüchterndes Bild: Aufgrund der Mängel des staatlichen Bildungssystems sowie des durch Armut erzeugten Zwangs, möglichst früh Geld zu verdienen, sind die Analphabet*innen-Raten dort hoch und Kinderarbeit weit verbreitet. Der UNESCO zufolge sind zwar immer mehr Menschen alphabetisiert, allerdings gibt es weltweit immer noch 773 Millionen Analphabet*innen; 84 Prozent der Kinder haben eine Grundschule besucht (vgl. UNESCO 2019, 4). Tatsächlich existieren große Unterschiede zwischen den Staaten. In Nordamerika beispielsweise besuchten 2019 0,5 Prozent der Grundschulkinder keine Grundschule, während in Subsahara-Afrika 19 Prozent der Grundschulkinder nicht in die Schule gingen (vgl. World Bank 2019) Durch die Covid-19-Pandemie hat sich die Situation weiter verschärft (vgl. UNICEF 2021).

Tatsächlich haben aber auch in kapitalistisch entwickelten Staaten wie Deutschland in den letzten Jahren immer wieder Studien über die Zunahme von funktionalem Analphabetismus Aufsehen erregt; so gibt es hierzulande ungefähr 6,2 Mio. Menschen

– ungefähr 12,1 Prozent der erwerbsfähigen Bevölkerung –, die nicht oder nur sehr eingeschränkt lesen und schreiben können (vgl. Gesis Data Archive 2021: Leo-Studie 2018, Anm.: Tatsächlich existiert in Deutschland keine neuere Studie hierzu).

Natürlich stellt funktionaler Analphabetismus in Deutschland einen – wenn auch offenbar weit verbreiteten – Extremfall dar (vgl. die inzwischen schon ältere, jedoch scheinbar einzige Studie für Deutschland). Empirisch zeigen sich die faktischen Grenzen des vermeintlichen Patentrezepts auch, wenn Studien immer wieder den engen Zusammenhang zwischen sozialer Herkunft und formalem Bildungsniveau während aller Phasen des Lebens und sogar eine zunehmende Einschränkung der sozialen Mobilität nachweisen (Bundesministerium für Bildung und Forschung 2022; Deutscher Bundestag 2022).

In logischer Hinsicht ist dieser Gegenmaßnahme eine Grenze inhärent, die in dem zuvor besprochenen Ansatzpunkt begründet liegt. Bildung hilft dem Individuum, sich (besser) für den Arbeitsmarkt zu qualifizieren. Es liegt jedoch an den dort angebotenen Stellen, ob diese Kalkulation aufgeht. Fehlen diese, kommt es schlicht zu einer Entwertung der Bildungsabschlüsse. Hinzu kommt, dass – selbst bei günstiger konjunktureller Lage – nicht alle durch Bildung aufsteigen können. „Was zum individuellen Aufstieg taugen mag, versagt als gesellschaftliches Patentrezept“, bringt dies der Armutsforscher Butterwegge auf den Punkt (Butterwegge 2007, 162). Der/Die Einzelne mag sich einen besseren Lebensstandard erarbeiten – die Lohnhierarchie, also das „Oben“ und „Unten“ gesetzt, wird es jedoch weiterhin arme Menschen in der Gesellschaft geben (vgl. auch Heid 1988).

Global betrachtet eröffnet sich eine weitere Grenze. Als Individuum kann man den Weg des Bildungsaufstiegs vor allem dann beschreiten, wenn man aus einem relativ armen in ein relativ reiches Land migriert (vgl. Milanović 2023). Dann kann jedoch dann, was als Maßnahme gegen Armut auf individueller Ebene erfolgreich ist, zur Armut des jeweiligen *Landes* beitragen; so sind zahlreiche Staaten des Globalen Südens und auch Osteuropas massiv vom „Brain Drain", also dem Abwandern gut ausgebildeter Arbeitskräfte betroffen. Auf Migration wird auch im folgenden Punkt näher eingegangen.

Auf individueller Ebene ist außerdem noch eine weitere Schwierigkeit zu verorten, die nur selten Beachtung findet. Bei Didier Eribon kann man eindrucksvoll nachlesen, was „Aufstieg durch Bildung" auch bedeutet, nämlich die *Entfremdung* vom eigenen Herkunftsmilieu und das Fremdsein in der „neuen" Welt: „Meine erfolgreiche Integration in den Schulbetrieb hatte zur Bedingung, dass ich in eine Art Exil ging, dass ein immer deutlicher werdender Bruch entstand, der mich nach und nach immer weiter von der Welt entfernte, aus der ich kam und in der ich nach wie vor lebte. Und wie jedes Exil war auch dieses in gewisser Weise gewaltsam. Ich nahm das damals gar nicht wahr, schließlich geschah das alles mit meinem vollen Einverständnis. Wenn ich mich nicht vom Schulsystem ausgrenzen wollte – beziehungsweise, wenn ich nicht ausgegrenzt werden wollte –, musste ich mich aus meiner eigenen Familie, aus meinem eigenen Universum ausgrenzen" (Eribon 2016, 159).

Verbesserungsmöglichkeiten/Empfehlungen

Neben dem Ausbau sowie der Stärkung des Bildungssystems und damit der Qualifizierungsmöglichkeiten in allen Altersphasen des Lebens besteht ein Ansatzpunkt auch darin, die Durchlässigkeit des Bildungssystems zu steigern. Nur so könnte schließlich der Teufelskreis der „Vererbung" von Armut durchbrochen werden. Im Globalen Norden stellt sich dieser als Korrelation zwischen niedrigem formalem Bildungsabschluss der Eltern und dem späteren geringen Gehalt der Kinder dar. Im Globalen Süden schließt sich der Kreis der Generationenarmut, wenn Menschen aufgrund der im Eingangszitat angesprochenen Hilflosigkeit keinen oder nur einen schlecht bezahlten Job haben, dadurch nur wenige finanzielle Mittel zur Förderung ihrer Kinder und diese früh arbeiten gehen müssen anstatt „die

Schulbank zu drücken". Auf individueller Ebene kann diese Gegenmaßnahme also letztlich nur dann greifen, wenn sie auf entsprechend institutionelle und strukturelle Bedingungen zur Entfaltung trifft. Der Beförderung des vierten Nachhaltigkeitsziels der Vereinten Nationen, „Hochwertige Bildung", sollte in diesem Sinne also größere Priorität eingeräumt werden.

Arbeitsmigration

„Es gibt also drei Möglichkeiten [die eigene Einkommenssituation zu verbessern, I.S.]: die eigene Anstrengung, die gute Entwicklung des Landes und die Migration. Man sollte jedoch bedenken, dass die eigene Anstrengung nur eine geringe Rolle spielt. Und da man das BIP-Wachstum seines Landes nicht beeinflussen kann, bleibt als einzige realistische Alternative die Migration." (Milanović 2023, 49)

Was wird getan? Maßnahme

Da das Staatsbürgerschaftsprivileg bzw. die Staatsbürgerschaftsstrafe wesentliche Bestimmungsfaktoren für die materielle Lebenslage einer Person darstellen (s.o., S. 82 ff.), liegt der Umkehrschluss nahe: Migration über Ländergrenzen hinweg kann demzufolge auf individueller Ebene einen möglichen Weg aus der Armut darstellen. Der Ungleichheitsforscher Milanović rät deswegen explizit zu diesem Mittel (s. Eingangszitat). Der folgende Abschnitt handelt also von der *freiwilligen* Migration zum Zwecke der Verbesserung der Einkommenssituation.

Auf welcher Ebene setzt sie an?

Der Beschluss, das eigene Land zu verlassen, um in einem anderen zu leben und zu arbeiten, stellt zunächst natürlich einen höchst individuellen dar. Abhängig Beschäftigte kalkulieren mit den potenziellen Arbeitsbedingungen in dem anderen Land und in diesem Sinne setzt die Gegenmaßnahme bei der bereits besprochenen doppelten Freiheit der Lohnarbeitenden an, die sich eine bessere Verwertbarkeit ihrer Arbeitskraft auf einem ausländischen Arbeitsmarkt versprechen. Diese Entscheidung kann aus großer Not – wenn es keinerlei Beschäftigungsaussichten und auch kein soziales Sicherungssystem im eigenen Land gibt – oder auch frei aus dem Wunsch, ein höheres Gehalt zu erzielen, erfolgen, z.B. durch Migration von Deutschland in die Schweiz, in der 2021 mehr als 311.000 Deutsche lebten (vgl. Statista 2024).

Dass aus dem Beschluss der Einzelnen aber Realität werden kann, unterstellt jedoch eine Rechtslage, die dies ermöglicht – auch hier sind die individuellen Gegenmaßnahmen also mit strukturellen Bedingungen verwoben. Andernfalls erfolgt die Einwanderung illegal; die Betroffenen werden „illegalisiert“ und ihre Arbeit befindet sich außerhalb des Rechts- und Sozialsystems mit allen verheerenden Konsequenzen – kaum ein probates Mittel gegen Armut, das Milanović bei der Empfehlung des Auswanderns vorschwebt. Und dennoch passiert dies massenweise. Es liegt in der Natur der Sache, dass keine genauen Zahlen über sich illegal in Deutschland aufhaltende Personen existieren; Schätzungen gehen jedoch von mehr als einer Million Illegalisierter aus (vgl. bpb 2021). Deren Rechtslage erhöht das Risiko in Notlagen zu geraten, denn schließlich existiert keine gesetzliche Absicherung im Krankheitsfall und Arbeitsverhältnisse sind per se illegal, also auch ohne jeglichen Schutz der Arbeitnehmenden. Schließlich ist dies zunächst der Normalzustand: Menschen können nicht einfach Ländergrenzen überqueren und sich frei einen Arbeitsplatz in einem anderen Land suchen; institutionalisierte Ausnahmen wie durch den EU-Binnenmarkt oder andere Abkommen bestätigen diese Regel.

Wenn die Rechtslage Arbeitsmigration zulässt bzw. das Zielland diese sogar durch gezielte Abkommen und Anwerbekampagnen befördert, unterstellt das ein entsprechendes Interesse dieses Landes. Dabei handelt es sich aus seiner Sicht jedoch nicht um eine Maßnahme zur Bekämpfung der globalen Armut: Einwandern darf, von wem man sich einen Beitrag zum Wirtschaftswachstum verspricht. Die Kalkulation des Migrierenden stellt kein Kriterium dar.

Wie wirkt sie? Leistungen und Grenzen

Um die Leistungen und Grenzen darlegen zu können, müssen drei Akteure unterschieden werden: die Herkunftsländer der Migration, die Zielländer sowie die Migrant*innen selbst. Für sie alle stellen sich die Folgen der Arbeitsmigration auf Armut und Reichtum sehr unterschiedlich dar.

Für das *Individuum* kann der Weg aus der Armut oder zumindest eine Verbesserung der materiellen Lage durchaus gelingen. Hierzu existiert eine eindeutige Studienlage und in Abhängigkeit vom Bildungsabschluss lässt sich sogar relativ genau berechnen, für wen sich das Migrieren in welches Einkommens-Land durchschnittlich am meisten lohnt. Die Kosten können dennoch enorm sein. Inzwischen sind regelrechte Ketten der Migration entstanden, wenn beispielsweise Menschen aus Indien in die USA oder Saudi-Arabien und wiederum Bangladeschis nach Indien migrieren (Anzahl der Migranten nach Migrationsrouten zwischen den Ländern weltweit in den Jahren 2000 und 2020 abrufbar unter: https://de.statista.com/statistik/daten/studie/1264628/umfrage/migrationsrouten-zwischen-den-laendern/, Zugriff: 4.9.2024). Die Folgen sind nicht selten entwurzelte Menschen, zurückgelassene Kinder, vereinsamte Alte, also in jeder Hinsicht zerrissene Familien. Was beim Faktor Bildung als Entfremdung von Herkunftsfamilie und -milieu durch Eribon beschrieben wurde, gilt hier durch das Verlassen der örtlichen Heimat.

Erreicht das Phänomen Auswanderung ein gewisses Ausmaß, haben diese Folgen auch Auswirkungen auf das gesamte gesellschaftliche Gefüge in vielen *Herkunftsländern* der Migrant*innen. Für diese hat Arbeitsmigration auch handfeste materielle Konsequenzen (s. ausführlich Bodvarsson/Van den Berg 2013, 187 ff.). Die Rücküberweisungen, die die Ausgewanderten tätigen, stellen für viele Staaten inzwischen eine wesentliche Einnahmequelle dar. Negativ hingegen wirkt sich der unter dem Punkt „Bildung“ (vgl. oben, S. 104 ff.) bereits besprochene „Brain Drain“ aus. In einzelnen Sektoren der

Wirtschaft, wie bspw. im Gesundheitssektor, kann es zu einem Fachkräftemangel aufgrund der Auswanderung kommen. Verschärfend muss hierbei bedacht werden, dass nicht nur Arbeitskräfte fehlen, sondern auch die Kosten der Ausbildung im jeweiligen Herkunftsland angefallen sind. Der Schaden ist also ein doppelter.

Im Phänomen des Brain Drain manifestieren sich die Interessengegensätze zwischen Herkunfts- und *Zielland*: Letzteres profitiert von den Migrant*innen und versucht häufig, diesen Nutzen sogar aktiv durch entsprechende Initiativen herbeizuführen. Zu nennen sind hier z.B. die Versuche der deutschen Bundesregierung, Pflegekräfte aus der ganzen Welt anzuwerben. Das deutsche Gesundheitssystem funktioniert also auch deswegen, weil wir uns am Arbeitskräftepool in anderen Ländern ungeachtet der Konsequenzen für die dortigen Systeme bedienen.

Fraglich ist, ob die Arbeitsmigration Rückwirkungen auf das Einkommensgefüge im Zielland hat. Führt sie zum Sinken des Lohnniveaus und damit zur Zunahme von Armut unter den einheimischen Arbeitskräften? Tatsächlich zeichnen Studien ein sehr differenziertes Bild; genaue Aussagen müssten nach Land, Qualifikation der Migrant*innen, Sektoren, wirtschaftlicher Konjunktur und Aufnahmefähigkeit des Arbeitsmarktes unterschieden werden (einen Überblick über die Studien bietet die Fachstelle für Einwanderung 2016 mit dem Workingpaper „IQ“). Überwiegend wird jedoch davon ausgegangen, dass Migrant*innen die ökonomische Lage insgesamt beleben und es insofern zu positiven Effekten auf das Wachstum und damit auch auf den Arbeitsmarkt insgesamt kommt.

Verbesserungsmöglichkeiten/Empfehlungen

Wie dargestellt, können sich zwischen den Interessen der einzelnen Personen sowie denjenigen der Herkunfts- und Zielländern Gegensätze ergeben, die systemimmanent nicht aufzuheben sind. Mehr Menschen möchten migrieren, als Zielländer bereit sind aufzunehmen; Herkunftsstaaten haben hohe Ausbildungskosten und ihnen droht ein Fachkräftemangel, während Zielstaaten gezielt Personen anwerben, von denen sie sich einen Nutzen versprechen, und alle anderen exkludieren können. Solange wir uns innerhalb des nationalen Rahmens bewegen, können also zwar Empfehlungen gegeben werden; diese berücksichtigen jedoch nie die Interessen aller drei Akteure. Dies führt zu den Gegenmaßnahmen, die bislang nicht praktiziert, sondern nur diskutiert werden – bei einigen von ihnen könnten die Interessengegensätze überwunden werden.

Weiterführende Literatur

Artal-Tur, Andrés/Peri, Giovanni/Requena-Silvente, Francisco (Hg.) (2014): The Socio-Economic Impact of Migration Flows. Effects on Trade, Remittances, Output and the Labour Market. Wiesbaden.

Bamf (10.1.2024): Migrationsbericht. Online: https://www.bamf.de/SharedDocs/Anlagen/DE/Forschung/Migrationsberichte/migrationsbericht-2022.html?nn=283568 (Zugriff: 30.3.2024).

Bodvarsson, Örn B./Van den Berg, Hendrik (2013): The Economics of Immigration. Theory and Policy. 2. Aufl. New York.

Edo, Anthony u.a. (2020): An introduction to the economics of immigration in OECD countries. In: Canadian Journal of Economics, 53 (4).

Praktizierte Maßnahmen auf systemischer Ebene

Da Länder je nach Stellung in der Hierarchie der Staatenwelt gänzlich unterschiedliche Ressourcen zur Verfügung haben, ist es nicht möglich, die gegenwärtig praktizierten Maßnahmen gegen Armut im Globalen Süden und im Globalen Norden unterscheidungslos zu behandeln. Selbstredend bestehen außerdem große Differenzen zwischen den einzelnen Staaten, sodass im Folgenden lediglich ein sehr grobes Bild von den Gegenmaßnahmen auf systemischer Ebene gezeichnet werden kann.

(Institutionalisierte) Umverteilung: Das soziale Sicherungssystem

„Die Proletarier haben mehr zu verlieren als ihre Ketten." (Adorno 2003, 384)

Was wird getan? Maßnahme

In den Frühzeiten des Kapitalismus gab es einen Kampf der Arbeiterklasse darum, vom Staat als Bürger*innen anerkannt zu werden. Dies sollte vor allem auch die Berücksichtigung ihrer sozialen Lage einschließen. Sie kämpften darum, dass ihnen durch Sozialstaatsmaßnahmen wie materielle Unterstützungsleistungen und rechtliche Ausgestaltung der Arbeitsbedingungen ein halbwegs menschenwürdiges Leben ermöglicht wurde.

In den westlichen Gesellschaften war dieser Kampf aus unterschiedlichsten Gründen erfolgreich. Für den Manchesterkapitalismus galt: „Das Kapital feierte seine Orgien" (Marx, MEW 23, 294). Heute leben wir in einer sozialen Marktwirtschaft, in der sowohl Arbeitgebende als auch Arbeitnehmende Rechte und Pflichten haben, die eine Kompromissfindung ermöglichen.

Durch die Implementierung des Sozialstaats wurden die Arbeitenden – also Menschen ohne Eigentum, die ihre Arbeitskraft verkaufen müssen, um Lohn für den Konsum zu erhalten – materiell abgesichert und zwar in Form von „soziale(m) Eigentum" (Castel 2005, 40). Unfall-, Kranken- und Rentenversicherungen, der Schutz durch das Arbeitsrecht sowie sozialstaatliche Zahlungen waren keine Almosen, sondern verbriefte Rechte. Die Arbeitnehmenden haben heutzutage insofern, wie Adorno schreibt, mehr zu verlieren als ihre Ketten.

Auf welcher Ebene setzt diese an?

In den Staaten, in denen dieses System der institutionalisierten Umverteilung existiert, war und ist es möglich, „den starren Charakter des Gegensatzes zwischen Eigentümern und Nichteigentümern zu überwinden" (ebd., 46). In diesem Sinne stellt der

Sozialstaat in Deutschland und zahlreichen anderen Ländern die *wesentliche und auch bleibend wichtigste Antwort auf Armut* dar. Er kompensiert auf struktureller Ebene materielle Deprivation und ermöglicht es dadurch den Nichteigentümern, auch durch die Wechselfälle des Lebens hindurch von ihrem Lohn bzw. Gehalt sich und ihre Familie versorgen zu können. Auch Pikettys umfangreiche empirische Analysen zeigen, dass die Ungleichheit in Europa vor allem in den Zeiten der Stärkung des Sozialstaates zurückgeht (vgl. Piketty 2021, 15).

Wie wirkt sie? Leistungen und Grenzen

Die Implementierung eines Sozialstaates ist die wohl wirkmächtigste Maßnahme gegen Armut. Er sorgt – ungeachtet aller Schwächen – für materielle Absicherung durch einen kollektiven Umverteilungsmechanismus und stellt insofern institutionalisierte (Zwangs-)Solidarität zwischen den Bürger*innen eines Landes dar. Natürlich gibt es auch vielfältige Kritik an den sozialstaatlichen Einrichtungen, bspw. an unzureichenden Zahlungen, der Nicht-Berücksichtigung bestimmter Notfälle oder Personengruppen sowie der in zahlreichen Ländern durchgeführten neoliberalen Reformen.

Eine andere Grenze scheint weit weniger im Bewusstsein der allgemeinen Öffentlichkeit, nämlich die sehr grundsätzliche zwischen Bürger*innen und Nicht-Bürger*innen, die dadurch gezogen wird: All diejenigen, die nicht über die entsprechende Staatsbürgerschaft verfügen, sind zunächst per definitionem exkludiert. Dem Sozialstaat ist wie selbstverständlich die „*Abschließung* des Berechtigungsraums" (Lessenich 2019, 62, Hervorh. i. O.) inhärent. In Deutschland existierende Leistungen, wie diejenigen nach dem Asylbewerberleistungsgesetz, bestätigen den diesem vorgeschalteten prinzipiellen Vorbehalt. Damit spiegelt sich die besprochene Armutsursache des Staatsbürgerschaftsprivilegs auch in den Gegenmaßnahmen wider.

Verbesserungsmöglichkeiten/Empfehlungen

Reformen des Sozialstaates können auf zahlreichen Ebenen ansetzen. Neben der Ausweitung der Leistungen in qualitativer und quantitativer Hinsicht können auch bestehende Ungerechtigkeiten bearbeitet oder neue Instrumente der Distribution eingeführt werden.

Auf eine wenig bekannte Ungerechtigkeit in der Organisationsweise des Rentensystems weist Fratzscher hin, der diesem eine Umverteilung von Arm nach Reich vorwirft (vgl. Fratzscher 2021). Das Rentensystem ist nach dem Äquivalenzprinzip organisiert: Ein durch Arbeitnehmende eingezahlter Euro erbringt bei allen den gleichen Anspruch auf Rentenzahlungen im Alter. Gerade in dieser Gleichbehandlung liegt jedoch eine soziale Schieflage, insofern Menschen in anspruchsvoller Arbeit mit niedrigen Gehältern häufiger berufsunfähig werden und eine geringere Lebenserwartung haben (vgl. Haan/Schaller 2021). Sie beziehen also durchschnittlich viel kürzer Rentenzahlungen als Gutsituierte.

Ansetzen könnte man auch durch neue Instrumente der Umverteilung. So schlägt bspw. Piketty ein Grunderbe vor: Um eine größere Streuung von Vermögen zu erreichen, könnte jede Person im Alter von 25 Jahren eine Mindesterbschaft von 120.000 Euro erhalten (vgl. Piketty 2022, 1204 ff.). Diese Möglichkeit der institutionalisierten Umverteilung außerhalb der klassischen Sozialstaatsinstrumente würde alle mit einem Grundstock an Kapital ausstatten, sodass man der Chancengleichheit einen großen Schritt näher käme.

Weiterführende Literatur

Krapf, Manfred (2020): Der deutsche Sozialstaat: Geschichte, Aufgabenfelder und Organisation. 2. Aufl. München.

Schmidt, Manfred u.a. (2007): Der Wohlfahrtsstaat. Eine Einführung in den historischen und internationalen Vergleich. Wiesbaden.

Wachstumsförderung

„Wir brauchen Wachstum, sonst können wir die Armut nicht bekämpfen." (Sen 2020)

Was wird getan? Maßnahme

In allen Staaten mit kapitalistischer Ökonomie ist das Bruttoinlandsprodukt (BIP/Gross domestic product, GDP) die entscheidende Kennziffer für den (Miss-)Erfolg der Wirtschaft: Wie hoch ist der Wert aller Waren und Dienstleistungen, die innerhalb eines bestimmten Zeitraums in einer Volkswirtschaft produziert wurden, und wie entwickelt sich dieser? Das Ziel der Steigerung des BIPs stellt nicht nur in Deutschland einen politischen Konsens über alle demokratischen Parteien hinweg dar (vgl. bspw. CDU/CSU 2021, 4; FDP 2021, 6). Es kann auf unterschiedlichsten Wegen erreicht werden, beispielsweise durch steuerrechtliche, infrastrukturelle, arbeitsmarktpolitische oder handelspolitische Maßnahmen.

Auf welcher Ebene setzt sie an?

Auch der Wirtschaftsnobelpreisträger Amartya Sen, dessen Lebenslagen-Konzept bereits vorgestellt wurde, ist von der Notwendigkeit des Wachstums zur Bekämpfung der Armut überzeugt. Dieser Zusammenhang scheint zunächst unmittelbar plausibel: Wächst die Wirtschaft, gibt es mehr Arbeitsplätze, also werden mehr Löhne und Gehälter bezahlt, die Menschen sind kaufkräftiger. Außerdem zahlen Unternehmen mehr Steuern, sodass der Staat mehr Ausgaben für Soziales tätigen kann. Empirisch lässt sich dieser Zusammenhang am Beispiel China klar beobachten. Das starke Wachstum in den letzten Jahrzehnten hat zu einem signifikanten Rückgang der Armut geführt (vgl. z.B. Ernste 2013).

Die Gegenmaßnahme „Wachstumsförderung" setzt also systemimmanent beim Kern kapitalistischer Ökonomien an. Der zentrale Zweck der einzelnen Unternehmen (Gewinn), der Wirtschaft als Ganzes sowie des Staates soll befördert werden, und dadurch sollen schließlich auch die Bürger*innen des jeweiligen Landes profitieren.

Der Zusammenhang von Wirtschaftswachstum und Armutsbekämpfung existiert in dem benannten Sinne: Prosperierende Unternehmen benötigen Arbeitskräfte, zahlen also Löhne und Steuern, sodass am Ende auch der Staat und die Arbeitnehmenden profitieren. Ohne Wachstum, so kann festgehalten werden, ist Armutsbekämpfung – präventiv durch Beschäftigung und kompensierend durch Sozialstaatsmaßnahmen – im Kapitalismus nicht möglich.

Allerdings gilt damit nicht der Umkehrschluss, dass Wachstumsförderung immer auch mit einer Verminderung von Armut einhergeht. Eine Studie am Beispiel Nigerias zeigt, dass ein Zusammenhang zwischen Reduktion von Armut und nationalem Wachstum keineswegs selbstverständlich ist (vgl. Adelowokan u.a. 2019). Zu ähnlich zurückhaltenden bzw. differenzierten Resultaten kommen auch Untersuchungen über Laos (vgl. Bieri/Breu 2020), Polen und Ungarn (vgl. Hürtgen 2015, 36ff.).

Dass der Umkehrschluss nicht immer zutreffend ist, kann mehrere Gründe haben. So existieren bspw. Branchen, die ein starkes Wachstum verzeichnen können, ohne dass damit eine hohe Beschäftigungsrate einhergeht. Werden keine nennenswerten Arbeitsplätze geschaffen, wächst zwar das Unternehmen, aber es folgt keine Zunahme der Kaufkraft. Dies betrifft vor allem Staaten im Globalen Süden, wie die Politikerin und Aktivistin Traoré für das Beispiel Mali ausführt:

> „Wie in anderen Ländern auch, haben wir seit den 1980er-Jahren ein wirtschaftliches Modell, das vom Export von landwirtschaftlichen Produkten abhängt. In unserem Fall ist es die Baumwolle. Dieses Modell kann selbstverständlich nicht ausreichen, da wir keine Industrie haben. Unsere Baumwolle wurde und wird zum größten Teil exportiert. Also findet keine Wertschöpfung statt, keine Schaffung von Arbeitsplätzen. Wir sind vom Preis auf dem Baumwohlmarkt abhängig." (Traoré 2019, 167)

Tatsächlich muss also spezifiziert werden, *was* da wächst. Ob und wie sehr der jeweilige Staat von den Steuern und Abgaben profitiert, ist des Weiteren eine Frage von dessen Funktionsfähigkeit; ein schwaches Gewaltmonopol, Korruption und Erpressbarkeit können auch diesen potenziellen Vorteil durch Wachstum zunichtemachen.

Schließlich hängt es auch von den wachstumspolitischen Instrumenten selbst ab, ob damit eine Verminderung der Armut einhergeht. Oben wurden arbeitsmarktpolitische Maßnahmen erwähnt: Wenn etwa Wachstumsanreize für Unternehmen in Form des Abbaus von Arbeitnehmerrechten oder potenziell lohnsenkenden Instrumenten gesetzt werden, kann dies sogar den gegenteiligen Effekt haben.

Die in Deutschland große, anhaltende Debatte um die Wirkungen der „Hartz-IV-Reformen" lässt sich hier verorten. Waren sie letztlich ein Segen für die Armutsbekämpfung oder haben die Reformen umgekehrt sogar zu mehr Armut beigetragen? Unabhängig vom Streit um die richtige Deutung der Statistiken und der Kausalitäten haben beide Aussagen gemäß der Logik des Wachstums Argumente auf ihrer Seite. Durch den Abbau von Investitionshemmnissen werden Unternehmen zur Schaffung von Arbeitsplätzen angeregt, die jedoch teilweise so schlecht bezahlt und prekär sind, dass eine Klasse der „working poor" entsteht. Ohne die Beschäftigung jedoch wären die Betroffenen zweifellos von staatlicher Unterstützung abhängig.

Aus universalistischer Perspektive kann das vermeintliche Patentrezept der Wachstumsförderung dann problematisch sein, wenn das Wachstum eines Landes auf Kosten anderer geht. Vom Aufstieg Chinas bspw. profitierten zunächst die anderen konkurrierenden Nationen, insofern dadurch neue Absatzmärkte und Investitionsgelegenheiten entstanden. Im Falle eines Verdrängungswettbewerbes jedoch – wenn also zum Beispiel EU-Agrarprodukte heimische afrikanische Märkte kaputt machen – entsteht Wachstum auf Kosten der anderen Staaten und damit der dort lebenden Menschen. Dies wurde lange Zeit dem

„Exportweltmeister Deutschland“ vorgeworfen, der zum Arbeitskräfteabbau und damit der Armut in anderen Nationen beigetragen habe.

Mit Blick auf die sozial-ökologische Transformation ist die Maßnahme – wie in der Einleitung dargelegt – ohnehin nicht zu empfehlen. Solange keine Entkopplung zwischen Wachstum und Ressourcenverbrauch möglich ist, stößt das Rezept Wachstum gegen Armut an die Grenze der ökologischen Belastbarkeit unserer Erde.

Verbesserungsmöglichkeiten/Empfehlungen

Wachstum kann also vor allem dann ein effektives Mittel gegen Armut darstellen, wenn es in bestimmten, arbeitsintensiven Branchen stattfindet und dort – logischerweise – gut bezahlte, sozialversicherungspflichtige Arbeitsplätze entstehen. Allerdings hat uns der Klimadiskurs in den letzten Jahren gelehrt, dass darin nicht die Lösung liegen kann. Wachstum mag Menschen aus der Armut befreien, solange aber keine absolute und/oder relative Entkopplung zwischen Wachstum und Ressourcenverbrauch gelingt, stecken wir in der Zangenkrise.

Weiterführende Literatur

Adelowokan, Oluwaseyi Adedayo u. a. (2019): Unemployment, poverty and economic growth in Nigeria. In: Journal of Economics & Management. Volume 35 (1), S. 5–17. Online: https://cejsh.icm.edu.pl/cejsh/element/bwmeta1.element.cejsh-74fc6290-28c0-4b14-8b39-8147bab8ac30/c/01.pdf (Zugriff: 30.3.2024).

Hürtgen, Stefanie (2015): Das Konzept der strukturellen Heterogenität und die Analyse fragmentierter Wachstumsgesellschaften. In: Europa, Working Paper 2/2015 der DFG-Kollegforscher*innengruppe Postwachstumsgesellschaften. Online: https://d-nb.info/1072485303/34 (Zugriff: 30.3.2024).

„Entwicklungshilfe“

„Gedacht wird so: Wir, der Westen, gehen nach Afrika, um die Dinge dort in Ordnung zu bringen. Wenn man aber immer nur von Hilfe spricht, dann impliziert das, dass die eine Seite nur gibt, dass sie alle Antworten hat und dass die andere Seite nichts zurückgeben muss. Das aber ist nicht normal.

Es gibt doch immer ein Geben und Nehmen im Leben. Würde man also anfangen, die jeweiligen Leistungen zu bemessen, so dass man weiss, wie viel man gibt und wie viel dabei herauskommt, dann ist das keine Einbahnstrasse mehr. Dann wird daraus ein Investment." (Shikwati 2019)

Was wird getan? Maßnahme

Die im letzten Punkt besprochene Wachstumsförderung ist Teil der hier behandelten Entwicklungshilfe, die verschiedene historische Perioden durchlief (s. insb. Bohnet 2019) und aktuell vor allem als Förderung privatwirtschaftlicher Unternehmen begriffen wird. Unter dem Stichwort „Compact with Africa" (CwA) etwa verbirgt sich die unter dem deutschen G 20-Vorsitz begründete Initiative, Rahmenbedingungen für private Investoren in ausgewählten afrikanischen Staaten zu stärken. Die Idee dahinter besteht darin, dass nicht der Staat Gelder als direkte Unterstützungsmaßnahme „verteilt", sondern Unternehmen gute Bedingungen für Geschäftstätigkeiten vorfinden und demzufolge der Gewinnlogik entsprechend ihr Kapital dort investieren.

Gerade die deutsche Entwicklungspolitik besteht aus einer Vielzahl an Instrumenten. Zum einen gibt es Tools der finanziellen Zusammenarbeit (FZ), bei der u.a. Entwicklungskredite und Bürgschaften oder direkte Zuschüsse vergeben werden. Einige dieser Maßnahmen fallen ebenfalls in die Kategorie der Wachstumsförderung, wenn bspw. deutsche Exporteure gegen potenzielle Zahlungsausfälle in „Entwicklungsländern" durch staatliches Einspringen abgesichert werden (sog. „Hermesdeckungen"). Direkte Zahlungen hingegen stellen Programme dar, bei denen keine privaten Unternehmen beteiligt sind, also Hilfen ohne unmittelbare Gegenleistung gezahlt werden.

Die technische Zusammenarbeit (TZ) hat dem BMZ zufolge das Ziel des „Capacity Development", also der Förderung der Fähigkeiten der Menschen und Gesellschaften im Globalen Süden. Zu nennen sind hier bspw. Projekte zur Unterstützung von Beschäftigung in ländlichen Gebieten, indem Menschen alphabetisiert werden oder eine Ausbildung erhalten – wie durch das Programm „360-Grad-Agri-Jobs-Ansatz“ in Malawi, Mosambik, Kenia und Burkina Faso. Insgesamt jedenfalls existiert eine breite Palette an Instrumenten und Akteuren, die Teil der deutschen Entwicklungshilfe sind.

Wie dargelegt, setzen die Instrumente der Entwicklungshilfe auf unterschiedlichster Ebene an: Sie zielen auf ganze Staaten, Unternehmen, die Gesellschaft oder einzelne Personen. Es handelt sich dabei manchmal um direkte, manchmal auch um indirekte Maßnahmen zur Armutsbekämpfung, die alle von Nord nach Süd ausgerichtet sind. Insofern könnte sie als praktiziertes globales Verantwortungsgefühl bezeichnet werden, indem finanzkräftige und mächtige Staaten weniger reiche Nationen unterstützen. Dem Entwicklungsministerium zufolge leistet Deutschland Entwicklungszusammenarbeit, „weil Wohlstand verpflichtet“ (BMZ, o. D., a).

Dabei sollten jedoch die historischen Wurzeln der Mächtehierarchie – siehe die Ausführungen zu Kolonialismus oben – nicht ausgeblendet werden. Des Weiteren geht es bei Entwicklungspolitik zugleich auch darum, die Bedingungen des globalen Geschäfts zu schaffen bzw. zu erhalten, indem failing und failed states verhindert werden. Auch die erwähnten historischen Konjunkturen zeugen davon, dass sie keineswegs immer selbstlos geschieht: Geopolitische Spannungen in Zeiten des Kalten Krieges oder auch gegenwärtig können Hilfszahlungen befördern, wodurch sie zum Bestandteil der Außenpolitik bzw. dem Versuch der Sicherung von Einflusssphären werden.

Wie wirkt sie? Leistungen und Grenzen

Diese unterschiedlichen Motivationen spiegeln sich auch in den Leistungen und Grenzen der Entwicklungshilfe wider. Kritisiert wird sie von unterschiedlichster Seite: Während die einen für eine Aufstockung plädieren, bemängeln andere ihre Unwirksamkeit oder lehnen sie sogar prinzipiell als Entwicklungshindernis ab. Was die Kritik der unzureichenden Ausgaben für dieses Politikfeld anbelangt, ist die Diskussion um das 0,7-Prozent-Ziel zu nennen. In einer Deklaration haben sich die UN-Staaten im Rahmen der UN-Generalversammlung 1970 dazu verpflichtet, fortan 0,7 Prozent ihres BIPs für Entwicklungshilfe aufzubringen. Tatsächlich verfehlen jedoch fast alle Staaten dieses Ziel. Deutschland konnte es 2017 erreichen, allerdings nur, indem Ausgaben für Geflüchtete in Deutschland in diesen Posten eingerechnet wurden. Welche Ausgaben des Haushalts der Entwicklungshilfe zugerechnet werden dürfen, wird seit Verabschiedung des Ziels heftig diskutiert und zeugt davon, wie schwer sich die meisten Staaten – selbst mit der nicht immer selbstlosen – praktizierten globalen Verantwortung tun.

Die in Sambia geborene US-Ökonomin Dambisa Moyo kritisiert die Unwirksamkeit von Entwicklungshilfe. Ihr vernichtendes Urteil: „Die Hilfe hat keine nennenswerten oder wesentlichen wirtschaftlichen Ergebnisse erbracht" (Moyo 2009, 75, eigene Übersetzung). Im Gegensatz zum Marschallplan für Europa nach dem Zweiten Weltkrieg kann in den meisten afrikanischen Staaten nicht auf eine funktionierende Infrastruktur zurückgegriffen werden; der institutionelle Rahmen fehlt völlig, weswegen sich diese Staaten in einer vollständigen Abhängigkeit befinden und die Unterstützung nicht wirken kann (vgl. ebd., 36 ff.). Außerdem ist Moyo zufolge ein demokratisches System, das von den westlichen Geberländern häufig gefordert wird, im Gegensatz zu einem eher diktatorischen Regime weniger geeignet, um Entwicklungsprozesse zu initiieren (vgl. ebd., 41 f.).

Eine ähnlich fundamentale Kritik stellt die Position des kenianischen Ökonomen James Shikwati dar, der eingangs zitiert wurde. Das von ihm angesprochene Prinzip des Gebens und Nehmens (vgl. Shikwati 2019) soll darauf hinweisen, dass Entwicklungshilfe entweder rein karitativ auftritt, wo sie dies faktisch nicht ist, oder aber tatsächlich einseitig „gibt", was jedoch den marktwirtschaftlichen Grundsätzen widerspricht. Statt also die Empfangenden in die Rolle des Bittstellers zu drängen und die Gebenden in die Rolle der großzügigen Spender zu bringen, soll sich die Hilfe in ein „Investment" verwandeln. Ob der marktliberale Ansatz tatsächlich die Lösung darstellt, sei dahingestellt. Dass „Entwicklungshilfe" jedoch bereits in der Terminologie die einseitige Abhängigkeit und damit das Machtverhältnis zwischen den Staaten in sich trägt, ist evident. Dementsprechend überschreibt das deutsche Entwicklungsministerium seine Mission auch als Weg „(v)on Entwicklungshilfe zu Entwicklungszusammenarbeit" (BMZ, o.D., b). Wiederum könnte jedoch auch hier kritisch gefragt werden, ob durch die Redeweise von der Kooperation nicht ein Negieren des faktischen und offensichtlichen Machtungleichgewichts vorliegt.

Verbesserungsmöglichkeiten/Empfehlungen

Die Verbesserungsmöglichkeiten sind so kontrovers und konträr wie die Kritik an der Entwicklungshilfe. Je nach Position müssten die Gelder hierfür deutlich aufgestockt oder sogar gänzlich abgeschafft werden. Privatwirtschaftlichen Akteuren sollte der Einfluss gänzlich entzogen oder aber das Feld überlassen werden. Auch hinsichtlich des Ansatzpunktes – bei den einzelnen Menschen oder aber der Makrostruktur – besteht keine Einigkeit, sodass also kaum unstrittige Verbesserungen benannt werden können.

Weiterführende Literatur

Bliss, Frank (2021): Armutsbekämpfung durch Entwicklungszusammenarbeit: Anspruch – Wirklichkeit – Perspektiven. Wiesbaden. Online: https://link.spring Compact with Africa er.com/content/pdf/10.1007/978-3-658-32805-4.pdf (Zugriff: 9.2.2024).

Bohnet, Michael (2019): Geschichte der deutschen Entwicklungspolitik. 2. Auflage. München.

Gieler, Wolfgang/Nowak, Meik (Hg.) (2021): Staatliche Entwicklungszusammenarbeit in Deutschland. Eine Bestandsaufnahme des BMZ 1961–2021. Wiesbaden. Online: https://link.springer.com/book/10.1007/978-3-658-34789-5 (Zugriff: 30.3.2024).

5.2 Gegenmaßnahmen in der Diskussion

Im Folgenden werden Maßnahmen gegen Armut erläutert, die in der Wissenschaft, von Aktivist*innen und/oder in der Öffentlichkeit diskutiert, bislang jedoch noch nicht praktiziert werden. Das Kapitel gliedert sich nach Vorschlägen auf individueller, (global-)staatlicher und alle Akteure umfassender Ebene. Wiederum können nur die wichtigsten der diskutierten Vorschläge aufgegriffen werden und auch hier wird zur Darstellung ein einheitliches Schema angewandt:

- Was würde getan werden? Maßnahme
- Auf welcher Ebene setzt sie an?
- Wie würde sie wirken? Leistungen und Grenzen
- Woran scheitert die Umsetzung?
- Weiterführende Literatur

Individualisierende Ansätze

Unter individualisierenden Ansätzen verstehe ich solche, die das Individuum als zentralen Akteur im Kampf gegen Armut in den Blick nehmen. Neben dem hier behandelten „Effektiven Altruismus" sowie einer veganen Ernährungsweise wären auf dieser Ebene bspw. auch verantwortungsvolles Konsumverhalten und Minimalismus zu nennen.

Effektiver Altruismus

„Mit einem relativ kleinen Geldbetrag können Sie das Leben eines Kindes retten. Vielleicht wäre es mehr als der Betrag, der für ein Paar Schuhe benötigt wird, aber wir alle geben Geld für Dinge aus, die wir nicht wirklich brauchen, sei es für Getränke, Essengehen, Kleidung, Filme, Konzerte, Urlaube, neue Autos oder Hausrenovierungen. Ist es möglich, dass Sie ein Kind, das Sie hätten retten können, dem Tod überlassen, indem Sie Ihr Geld für solche Dinge ausgeben, anstatt es einer wirksamen Wohltätigkeitsorganisation zu spenden?" (Singer 2019, 5, eigene Übersetzung)

Was würde getan werden? Maßnahme

Wie im Kapitel über philosophische Armutskonzepte dargelegt (s.o., S. 41 ff.), hat Peter Singer den sogenannten „Effektiven Altruismus“ als aus seiner Philosophie folgende Lebensweise begründet. Wer sich als effektiver Altruist versteht, spendet ein Großteil seines Einkommens und gestaltet auch die Berufswahl „effektiv“, nämlich indem so viel Geld wie möglich verdient und dann gespendet wird (Singer 2021, 56 ff.). Dementsprechend existieren inzwischen mehrere Organisationen, die Berufsberatung für effektive Altruisten anbieten; so sollen das Geldverdienen und Spenden nach rationellen Kriterien erfolgen. Auch das Abgeben von Blut, Stammzellen und Knochenmark bis hin zur Niere (ebd., 93) ist für Vertreter*innen der von Singer inspirierten Bewegung geboten; schließlich schadet man sich dadurch selbst nicht bzw. ist eine Schädigung extrem unwahrscheinlich.

Die Maßnahme ist also einerseits eine, die von manchen Individuen bereits betrieben wird und in deren Geiste auch Kampagnen durchgeführt werden und Ortsgruppen in unterschiedlichsten Nationen existieren. Zugleich ist sie primär als diskutierte einzuordnen, da der Effektive Altruismus den Anhänger*innen zufolge von allen wohlhabenden Personen praktiziert werden sollte.

Auf welcher Ebene setzt sie an?

Beim Effektiven Altruismus handelt es sich um eine propagierte *Lebensweise*, die alle Menschen im Globalen Norden verfolgen sollten. Der/Die Einzelne soll möglichst viel Geld verdienen und möglichst effektiv spenden; im Mittelpunkt von Singers Konzept stehen also Individuen als *Marktsubjekte*, die durch ein möglichst erfolgreiches, also viel Geld einbringendes Berufsleben ein moralisch gutes Leben führen. Als *politische* Subjekte bzw. Bürger*innen, die sich im Rahmen ihres Gemeinwesens für veränderte Gesetze in Bürgerinitiativen, Parteien, Gewerkschaften etc. engagieren, werden Menschen kaum angesprochen.

Tatsächlich finden sich in Singers Werk jedoch vereinzelt Aussagen hierzu. So heißt es an einer Stelle, „dass wir uns aktiv für vollständig neue Richtwerte für die öffentlichen wie auch die privaten Beiträge zur Welthungerhilfe einsetzen müssen" (Singer 2017, 54) und das Organisieren öffentlicher Kampagnen unterstützenswert ist, sofern der Verweis auf das ungenügende Handeln der Regierung nicht als Rechtfertigung der eigenen Untätigkeit dient (ebd.). Zweifelsohne liegt das politische Engagement jedoch nicht in Singers Hauptinteresse, für ihn stellt das private Spenden die entscheidende politische Aktionsform dar. Dies liegt vermutlich auch darin begründet, dass Singer kein radikaler Kritiker des Kapitalismus ist, weil seiner Ansicht nach durch dieses Wirtschaftssystem zwar Manche verarmen, es aber viel mehr Menschen aus der Armut befreit hat (vgl. Singer 2021, 70).

Wie würde sie wirken? Leistungen und Grenzen

Das Spenden von Geld im Rahmen von karitativen Projekten führt direkt dazu, dass einzelne Individuen von den Geldzahlungen profitieren. Bedenkt man, dass effektive Altruist*innen sehr viel Wert auf möglichst geringe Verwaltungsgebühren legen, wird diese ohnehin schon unmittelbare Wirkung noch verstärkt. Menschen können dadurch aus ihrer unmittelbaren Not befreit werden; können die Mittel jedoch nicht zur Veränderung ihrer Rolle im Wirtschaftsprozess verwendet werden, blieben sie dauerhaft auf karitative Unterstützung angewiesen. Beck, dessen Armutsverständnis in Abschnitt 3.1 dargelegt wird, kritisiert an Singers Ansatz denn auch die „chronische Vernachlässigung der strukturellen Hintergrundbedingungen" (Beck 2016, 325): „Existierende Strukturen scheinen dabei einfach unhinterfragt vorausgesetzt zu werden und prinzipiell nicht selbst als Gegenstand der Verantwortungszuschreibung in Frage zu kommen" (ebd., 325 f.).

Weitere Kritikpunkte beziehen sich auf den oben erwähnten Grenznutzen und den moralischen Druck, unter den sich effektive Altruist*innen selbst setzen. Welcher Lebensstandard ist noch zu rechtfertigen bzw. wann haben „wir" im Globalen Norden genug, sodass wir zum Spenden verpflichtet sind? Situationen können so konstruiert werden, dass die Antwort leichtfällt: Eine Luxusvilla mit Swimmingpool übersteigt das Lebensnotwendige; aber wie sieht es beispielsweise mit einer Eigentumswohnung aus, die uns im Rentenalter Mietzahlungen erspart? Lässt sich die Anschaffung eines Kaffeevollautomaten rechtfertigen, wenn wir Kaffee auch billiger zubereiten könnten? Und ist überhaupt der tägliche Konsum von Kaffee zu legitimieren, wenn Menschen anderswo an Durst leiden? Es ist kaum möglich, eine konkrete Grenze der Angemessenheit zu ziehen, was sich für praktizierende effektive Altruist*innen in einem permanenten schlechten Gewissen niederschlagen kann. Singer selbst schildert zahlreiche Fälle, in denen der Konsum von Eis, Chai Latte oder ein Kinobesuch Gewissensbisse auslösen, weil diese zweifellos nicht notwendig sind und für dasselbe Geld eine Mahlzeit oder Impfung finanziert werden könnte (vgl. u.a. Singer 2016, 44). Eine Sozialarbeiterin, von der Singer exemplarisch berichtet, legt deswegen mit ihrem Mann vorab fest, wie viel Prozent ihres Einkommens sie spendet, um dann den restlichen Teil ohne permanentes Rechtfertigungsbedürfnis zur eigenen Verfügung zu haben.

Woran scheitert die Umsetzung?

Es ist u.a. das Beispiel der Niere, das Singer „den Ruf eines moralischen Maximalisten" (Beck 2016, 321) eingetragen hat. Er selbst bekennt jedoch: „(M)eine beiden Nieren habe ich noch" (ebd., 92). Dass die Forderungen Singers und seiner Anhänger*innen dennoch sehr weit gehen, ist unbestritten. Allerdings können (unliebsame) Konsequenzen einer Analyse diese selbst nicht der Falschheit überführen. Die Folgerungen mögen – gerade für die Wohlhabenden – unangenehm sein, aber entscheidend für die Beurteilung seiner Thesen ist vorrangig, ob die behauptete Äquivalenz des Kindes im Teich mit demjenigen, das zu verhungern droht, zutreffend ist (vgl. oben, S. 41ff.). Unabhängig davon scheitert die großflächige Umsetzung jedoch vermutlich an unser (fast) aller Bedürfnis nach einem auch materiell angenehmen Leben und teilweise auch an der Vorstellung des „Verdient-Habens". Singer selbst als intervenierender Philosoph hofft jedenfalls, dass seine Ausführungen „nicht als philosophische Kniffelei [...], sondern als Leitlinie dafür, wie wir leben sollen" (Singer 2017, 109), behandelt werden.

Weiterführende Literatur

Erhardt, Jonathan/Roser, Dominic (2021): Effektiver Altruismus und Armut. In: Schweiger, Gottfried/Sedmak, Clemens: Handbuch Philosophie und Armut. Berlin. S. 221–228. Online: https://link.springer.com/content/pdf/10.1007/978-3-476-05740-2.pdf (Zugriff: 30.3.2024).

Singer, Peter (2019): The Life You Can Save. Bainbridge Island. Online: www.thelifeyoucansave.org (Zugriff: 30.3.2024).

Singer, Peter (2021): Effektiver Altruismus. Eine Anleitung zum ethischen Leben. Frankfurt/M.

Veganismus

„höchstens elf prozent der landfläche auf der welt sind überhaupt nur als ackerfläche geeignet. Das ist eine tatsache. ebenso wahr ist, dass diese fläche überwiegend für den anbau von futtermitteln genutzt wird.
Das aber ist nicht nur eine tatsache. sondern im grunde ein verbrechen. [...]
In wahrheit wäre für alle menschen genug essen vorhanden. Der hunger existiert nur, weil eine minderheit von menschen, nämlich die sich nichtvegan ernährende mehrheit in den wohlstandsregionen der welt sich das (un)recht herausnimmt, nichtvegane nahrung zu konsumieren. Das verspeisen sämtlicher nichtveganer produkte erfordert den anbau von futtermitteln, der dem anbau von genügend nahrung für alle menschen den platz wegnimmt.
Der nichtvegane konsum geschieht weltweit auf kosten der nahrungsmittelgerechtigkeit unter allen menschen."
(Vagedes 2011, Orthographie i. O., 226 f.)

Was würde getan werden? Maßnahme

Eine vegane Ernährungsweise als mögliche Maßnahme gegen Armut zu besprechen, mag zunächst erstaunen. Tatsächlich existiert auch kaum wissenschaftliche Literatur zu diesem Thema, während es in entsprechenden pro-veganen Publikationen durchaus eine große Verbreitung besitzt. Die Idee dahinter wurde im Eingangszitat beschrieben: Faktisch ist der Aufwand zur Gewinnung einer tierischen Kalorie weitaus höher als für eine pflanzliche. Wenn wir uns also von tierischen Produkten ernähren, „verschwenden" wir Kalorien, die uns zur Verfügung stünden, wenn sie nicht den „Umweg" über die Fütterung des Tieres zur Erzeugung von Fleisch gehen müssten. Davon ausgehend argumentieren Manche, wie der zitierte Vagedes (vgl. auch Lehr 2021), dass Fleischkonsum „ein Verbrechen" sei, weil durch vegane Ernährung mehr Nahrung zur Verfügung stehen und – so die Logik – der Hunger in der Welt bekämpft werden könnte.

Auf welcher Ebene setzt sie an?

Das Propagieren einer veganen Ernährungsweise setzt auf der individuellen Ebene an. Alle Menschen werden dazu aufgefordert, sich vegan zu ernähren, um dadurch – ggf. auch als Nebeneffekt zur Beendigung des Tierleids – den Hunger in der Welt zu bekämpfen.

Wie würde sie wirken? Leistungen und Grenzen

Immanent gedacht, kann nicht jede Anbaufläche für die Landwirtschaft, sondern teilweise eben nur für die Viehwirtschaft genutzt werden, sodass der Gewinn an Flächen jedenfalls nicht 100 Prozent der vormaligen Weidefläche betragen würde. Außerdem kann nicht alles, was Tiere verspeisen, auch vom Menschen gegessen werden. Von diesen und noch einigen anderen Einschränkungen (vgl. maiLab 2019 [Video]) abgesehen, ist es aber richtig, dass Landflächen durch eine rein pflanzliche Ernährung wegen des unmittelbareren Konsums effektiver genutzt werden könnten. Tatsächlich sind die Zahlen bezüglich der möglichen Einsparung beeindruckend. So geht eine Studie davon aus, dass für Agrarwirtschaft genutzte Flächen um 75 Prozent reduziert werden könnten (vgl. Ritchie 4.3.2021).

Tatsächlich stellt sich hierbei jedoch ein anderes Problem. Die Vorstellung unterstellt, dass Hunger in einem Mangel an Nahrung begründet liegt. Tatsächlich weisen jedoch sämtliche Studien – auch der FAO – darauf hin, dass es genügend Lebensmittel gibt. Dies könnte sich ändern, wenn die Weltbevölkerung weiter wächst, aber zum gegenwärtigen Zeitpunkt existiert kein Mangel, sondern den hungernden Menschen fehlt der *Zugang* zur Nahrung, weil sie nicht über das nötige Geld verfügen. Auch der eingangs zitierte Christian Vagedes weist zwei Seiten weiter (2011, 229) selbst darauf hin, dass es einen „massiven Überschuss" an Fleisch gibt. Sollte es also immer mehr Menschen geben und ein realer Mangel existieren, kann die vegane Ernährungsweise Abhilfe schaffen, aber zum gegenwärtigen Zeitpunkt beruht dieser Vorschlag auf einer nichtzutreffenden Prämisse.

Natürlich, und dies sei hier in Klammern angemerkt, sagt dies nichts über ethische und ökologische Aspekte einer solchen nicht-tierischen Ernährungsform aus.

Woran scheitert die Umsetzung?

Die Umsetzung scheitert an dem fehlenden Willen und auch partiell an den fehlenden finanziellen Möglichkeiten für eine vegane Ernährung. Wie dargelegt, würde die Umsetzung jedoch nichts am mangelnden Zugang aufgrund der finanziellen Armut der Hungernden ändern.

Weiterführende Literatur

Umweltbundesamt (o.J.): Globale Landfläche und Biomasse nachhaltig und ressourcenschonend nutzen. Online: https://www.umweltbundesamt.de/sites/default/files/medien/479/publikationen/globale_landflaechen_biomasse_bf_klein.pdf (Zugriff: 30.3.2024).

Vagedes, Christian (2011): VegUp. Die Veganisierung der Welt. Kiel.

(Global-)staatliche Ansätze

Im Folgenden werden mögliche staatliche Maßnahmen gegen Armut aufgegriffen, die entweder von einer Nation alleine und/oder von der Staatengemeinschaft verwirklicht werden könnten.

Globaler Mindestlohn

„Der größte und unmittelbarste Effekt einer Form globaler Marktwirtschaft, die das Zusatzprädikat ‚sozial' verdienen würde, kann durch eine global installierte Lohnuntergrenze erzielt werden." (Spiegel/Zervas 2016, 33)

Was würde getan werden? Maßnahme

Dem „Global wage report" 2020–2021 der ILO (International Labour Office) zufolge gibt es in 90 Prozent der 187 ILO-Mitgliedsstaaten von den entsprechenden Akteuren ausgehandelte oder von der jeweiligen Regierung festgelegte nationale Mindestlöhne (vgl. ILO 2020, 60). Auf EU-Ebene existiert seit einigen Jahren eine Debatte um die Implementierung eines EU-weiten Mindestlohnes. Die im Kontext der Bekämpfung von globaler Armut vorgeschlagene Maßnahme besteht in einem weltweiten Mindestlohn, der unterschiedlich ausgestaltet werden kann. In dem Buch „Die 1-Dollar-Revolution" plädieren die einleitend zitierten Autoren Zervas und Spiegel für eine Lohnuntergrenze, die zwei Kriterien genügt. Sie sollte „die schlimmsten Formen ausbeuterischer Entlohnungen mit einem Schritt weltweit beseitigen" und zugleich „von der Weltökonomie […] problemlos getragen werden" (Spiegel/Zervas 2016, 33) können. Ein Dollar netto pro Stunde mag sich auf den ersten Blick wenig anhören, könnte jedoch die absolute Form der Armut in den Ländern des Globalen Südens wohl weitestgehend bekämpfen.

Auf welcher Ebene setzt sie an?

Der Vorschlag eines globalen Mindestlohnes stellt ein *arbeitsmarktpolitisches* Instrument zur Abschaffung der extremen Armut dar. Es handelt sich also nicht um eine private, sprich karitative oder sozialpolitische Umverteilungsmaßnahme, sondern Menschen, die produktiv in den weltweiten Produktionsprozess einbezogen sind, würden besser entlohnt werden. Insofern sind Personen als Verkäufer*innen ihrer Arbeitskraft Ziel der Maßnahme. Als *global* konzipiertes Tool setzt der Mindestlohn außerdem auch beim Standortwettbewerb der Nationen und der Konkurrenz der Unternehmen an. Die Einführung der Lohnuntergrenze würde zumindest nach unten hin den Wettbewerb um Auslandsinvestitionen durch möglichst billige Arbeit ein Stück weit begrenzen. Wie in dem Eingangszitat beschrieben, stellt die globale Lohnuntergrenze aber dennoch ein zwar *korrigierendes* und *sozial ergänzendes,* aber nicht ein die Marktwirtschaft abschaffendes Element dar.

Wie würde sie wirken? Leistungen und Grenzen

Dieser Unterpunkt kann logischerweise immer nur im Konjunktiv beantwortet werden; zumeist lässt sich aber durchaus prognostizieren, wie eine Maßnahme in das bisherige politische, ökonomische und lebensweltliche System eingreifen würde. Im Falle eines globalen Mindestlohns sind viele der Wirkungen davon abhängig, wie hoch bzw. niedrig man die Lohnuntergrenze setzen würde – was zugleich, wie auch die Debatte in der EU und um den Kaitz-Index zeigt, den größten Streitpunkt darstellt.

Welche Reaktionen würde die Einführung eines globalen Mindestlohns hervorrufen? Mit welchen veränderten Parametern ist zu rechnen? Manche Ökonom*innen gehen davon aus, dass er zu einem Verlust zahlreicher Arbeitsplätze führen könnte, da viele Jobs für die Unternehmen schlicht nicht mehr rentabel wären (vgl. bspw. Himmelreicher 2022). Aus Sicht der Armutsbekämpfung muss dieser Effekt jedoch als kurzfristige Entwicklung in Kauf genommen werden, da die besagten Arbeitsplätze offensichtlich nicht armutsfest sind und Menschen in diesen zwar geringfügig bezahlt, aber zugleich in Armut gehalten werden. Als längerfristiger Trend könnte sich dann eine höhere Entlohnung und eine damit einhergehende gestiegene

Nachfrage, also eine Ankurbelung der Binnenkonjunktur durchsetzen. Denn auch rein ökonomisch gedacht können sich die verteuerten Arbeitsplätze lohnen, wenn die Produkte mit entsprechender Gewinnmarge verkauft werden können. Ein „Nullsummenspiel" würde der globale Mindestlohn aber dann darstellen, wenn die gestiegenen Lohnkosten durch Preissteigerungen ausgeglichen werden; das Lebensniveau der Menschen würde dann unverändert (niedrig) bleiben. Denkbar ist auch, dass Beschäftigung in die Illegalität verlagert wird. Sollte das der Fall sein, müsste diese Maßnahme mit anderen wie der Erhöhung von Arbeitskontrollen und einem wirkmächtigen Lieferkettengesetz kombiniert werden.

Woran scheitert die Umsetzung?

Angesicht der Einfachheit und unmittelbaren Wirkmächtigkeit des Vorschlages scheint es erstaunlich, welch geringe Rolle er in der Öffentlichkeit und in den politischen Debatten spielt. Wie erwähnt, modifiziert und ergänzt ein globaler Mindestlohn zwar die Marktwirtschaft, aber er strebt nicht danach, sie aufzuheben. Bei Recherchen hierzu sind dennoch kaum Stellungnahmen zum globalen Mindestlohn zu finden, selbst die ILO positioniert sich nicht dazu. Er scheint also für kaum jemanden einen ernstzunehmenden Vorschlag darzustellen.

Offensichtlich wären viele Interessen unterschiedlichster Akteure negativ tangiert. Viele weltweit agierende Unternehmen möchten keine verbindliche Lohnuntergrenze akzeptieren; Staaten möchten sich ihre geringen Lohnkosten nicht als Standortvorteil nehmen lassen und andere Länder setzen auf billige Vorprodukte. Und – mit einer Erinnerung an die imperiale Lebensweise – müssen schließlich auch die Verbraucher*innen Erwähnung finden, deren Lebensstandard durch Billigware aus dem Globalen Süden gehoben wird.

An dieser potenziell einfachen und wirkmächtigen Maßnahme wird wieder einmal deutlich, dass die Konkurrenz zwischen den Unternehmen und Nationen bzw. das praktische Nichtvorhandensein eines die gesamte Menschheit umfassenden Sorgestandpunktes einer tatsächlichen Abschaffung der Armut im Wege steht. Dass eine globale Lohnuntergrenze aber selbst in der Wissenschaft kaum diskutiert wird, überrascht dann doch.

Weiterführende Literatur

Himmelreicher (2022): Chancen und Risiken eines globalen Mindestlohns. Goethe Institut. Online: https://www.goethe.de/ins/fr/de/kul/soc/jip/23146047.html (Zugriff: 22.3.2024).

Spiegel, Peter/Zervas, Georgios (2016): Die 1-Dollar Revolution. Globaler Mindestlohn gegen Ausbeutung und Armut. München.

Jobgarantie

„Die Jobgarantie ist die neue große und vernünftige Idee für eine Wirtschaftsreform." (Galbraith, in: Tcherneva 2021)

Was würde getan werden? Maßnahme

Die zentrale Idee einer Jobgarantie besteht darin, dass alle Arbeitssuchenden eine Beschäftigungsgarantie erhalten „ungeachtet ihrer persönlichen Lebensumstände oder der wirtschaftlichen Gegebenheiten" (Tcherneva 2021, 1). Weder individuelle Lebenslagen wie Kinderreichtum, Alleinerziehung oder Ähnliches noch ökonomische Konjunkturen wie Krisen sollen also darüber bestimmen, ob Menschen einen Arbeitsplatz finden oder nicht. Sofern sie einer Erwerbsarbeit nachgehen möchten, soll ihnen dies auch möglich sein. Die „unsichtbare Hand" des Arbeitsmarktes wäre in diesem Punkt aufgehoben, wie dies auch die Idee des von der Sowjetunion proklamierten „Recht auf Arbeit" vorsah.

Da jedoch Unternehmen nur dann Arbeitskräfte einstellen, wenn es für sie rentabel ist, und die vorgeschlagene Maßnahme keine Aufhebung dieses Prinzips vorsieht, ist der *Staat* als entscheidender Akteur gefragt. Er würde Stellen im öffentlichen Sektor schaffen und finanzieren, wobei die konkreten Tätigkeiten für die Gemeinschaft aufgrund der größeren Nähe zur Einschätzung des tatsächlichen Bedarfs lokal verwaltet wären.

Auf welcher Ebene setzt sie an?

Wie der Vorschlag zur Einführung eines globalen Mindestlohns, ist auch die Jobgarantie ein *arbeitsmarktpolitisches* Instrument, das zwar den Marktmechanismus an einer entscheidenden Stelle *modifiziert*, ihn jedoch prinzipiell in seiner Wirkweise *akzeptiert*. Auch hier sind Menschen als Verkäufer*innen ihrer Arbeitskraft Ziel der Maßnahme. Ihnen soll garantiert werden, dass sie als Jobsuchende auch auf entsprechende Nachfrage treffen. Dabei wird diese garantierte Nachfrage – zumindest im Konzept Tchernevas – auch näher qualifiziert, indem es bspw. einen Mindestlohn vorsieht.

Anders als das Tool des globalen Mindestlohns ist dieses zunächst als *nationales* konzipiert. Der jeweilige Staat soll seinen arbeitswilligen Bürger*innen einen Job garantieren. Wie der Bürger*innen-Begriff hierbei genau zu verstehen ist, wird im nächsten Punkt nochmals aufgegriffen.

Wie würde sie wirken? Leistungen und Grenzen

Zunächst stellt die Maßnahme der Jobgarantie eine Möglichkeit dar, um Arbeitslosigkeit und je nach Ausgestaltung auch das Phänomen der working poor abzuschaffen. Das Lohngefüge einer Nation insgesamt würde sich verändern, wenn es eine große Anzahl an relativ gut bezahlten Jobs im öffentlichen Sektor gäbe. Tatsächlich geht sie jedoch der Idee nach über diese unmittelbare materielle Wirkung hinaus. Sie würde einen „menschenwürdigen, existenzsichernden Job als Standard für alle Stellen in der Wirtschaft etablier(en) und gleichzeitig dem Wandel der öffentlichen Politik, des Wesens der Arbeitserfahrung und der Bedeutung von Arbeit an sich den Weg ebne(n)" (ebd., 2). Es geht bei diesem Vorschlag also auch darum, dem Staat die Aufgabe der „Fürsorge" (ebd., 2) zu überantworten und den Menschen das Gefühl für eine sinnhafte Tätigkeit für das Gemeinwesen zu vermitteln.

Auch bei dieser Idee ist davon auszugehen, dass sich durch ihre Verwirklichung andere Parameter verändern würden, was nur schwer zu prognostizieren ist. Bspw. könnten Arbeitsplätze im Privatsektor wegfallen, weil sie den Arbeitnehmenden zu unattraktiv erscheinen und ihre Verhandlungsmacht durch die Jobgarantie gestiegen ist. Umgekehrt kann aber auch argumentiert werden, dass Unternehmen bessere Löhne zahlen müssten und dadurch die Binnennachfrage gestärkt würde.

Unabhängig von dieser Diskussionsebene weist das Konzept jedoch auch immanente Schwierigkeiten und Lücken auf. So bezieht es sich explizit auf Arbeitswillige. Was jedoch passiert mit den Personen, die nicht arbeiten möchten? Oder die, wie das historische Beispiel der Sowjetunion zeigte, zum Schein arbeiten, aber faktisch unproduktiv sind? Und wem gegenüber ist der Staat zur Schaffung von Arbeitsplätzen verpflichtet? Fallen darunter bspw. auch Illegalisierte, die ansonsten vermutlich auf noch mehr Nachfrage durch die Privatwirtschaft treffen? Gibt es einen Zustrom von Arbeitskräften in die Staaten, in denen eine solche Jobgarantie eingeführt wird?

Dabei stellt es auch ein großes Problem dar, dass der Vorschlag ein nationaler ist bzw. davon ausgegangen werden muss, dass nur Staaten mit einer boomenden Wirtschaft – wenn überhaupt – ein solches Programm finanzieren können. Die Lebenslagen in Ländern des Globalen Südens blieben davon unberührt, die globale Armut könnte damit nicht adressiert werden. Und selbst bezüglich der reichen Staaten stellt sich die Frage, ob ein solcher Vorschlag nicht an der wirtschaftlichen Realität vorbeigeht, da es gerade in Boom-Zeiten eher einen Arbeitskräftemangel gibt, sodass eine Jobgarantie im öffentlichen Bereich diesen noch weiter verschärfen und somit das Wirtschaftswachstum bremsen würde.

Woran scheitert die Umsetzung?

Das Recht auf Arbeit ist eigentlich in der Allgemeinen Erklärung der Menschenrechte in Art. 23 verankert. In den USA wurde es vor allem während des Wahlkampfes 2020 intensiv diskutiert und auch in Indien, Argentien und Österreich (vgl. Premrov/Geyer/

Prinz in WUG, 1/2022) existieren Erfahrungen dazu, während es in Deutschland keine ernsthafte Debatte zu geben scheint – abgesehen von Niedersachsens Grünen, die eine Jobgarantie zur Stabilisierung der Volkswirtschaft (vgl. NDR 20.3.2023) fordern. Was steht der Diskussion bzw. gar der Umsetzung entgegen? Tcherneva zufolge stellte es nie ein Problem dar, „(d)as Geld aufzubringen", sondern es mangelt am „politischen Willen" (Tcherneva 2021, xiii), was sie mit Verweis auf die 2,2 Billionen Dollar, die die US-Regierung über Nacht zur Bekämpfung der Covid-19-Pandemie mobilisierte, begründet.

Tatsächlich stehen auch diesem Vorschlag, wie schon dem globalen Mindestlohn, zahlreiche Interessen entgegen. Wie dargelegt, müssten schlecht bezahlte und insgesamt unattraktive Arbeitsbedingungen verbessert werden, um zukünftig auch diese Stellen zu besetzen. Von diesen Interessen vonseiten der Wirtschaftsakteure abgesehen, stehen einer Einführung auch staatliche Interessen entgegen. Gerade in Zeiten der Debatte um eine Begrenzung der Zuwanderung wird sich kaum ein Land finden, das eine Jobgarantie für alle – oder auch „nur" für die eigenen Bürger*innen mit der erheblichen Gefahr der illegalen Migration – einführt. Außerdem spielt die Frage der Finanzierbarkeit eine große Rolle, wobei die Befürworter*innen meistens dem Spektrum der Modern Money Theory (MMT) zuzuordnen sind; insofern muss eine Diskussion um die Jobgarantie auch eine um das Verständnis unseres modernen Geldes einschließen.

Weiterführende Literatur

Premrov, Tamara/Geyer, Leonard/Prinz, Nicolas (2022): Arbeit für alle? Kosten und Verteilungswirkung einer Jobgarantie für Langzeitbeschäftigungslose in Österreich. In: WUG. Heft 1. Online: https://journals.akwien.at/wug/article/view/76/113 (Zugriff: 24.3.2024).

Tcherneva, Pavlina (2021): Plädoyer für eine Jobgarantie. Berlin.

(Globales) Bedingungsloses Grundeinkommen

„Über Löhne und Gehälter wird man nach Einführung des BGE gewiss reden müssen. Aber da herrscht dann erstens endlich Augenhöhe zwischen den Parteien, weil es mit einem Grundeinkommen sehr viel leichter fällt, auch mal Nein zu sagen." (Werner 2018, 23)

Was würde getan werden? Maßnahme

Im Kern geht es beim bedingungslosen Grundeinkommen (BGE) darum, dass alle Bürger*innen eines Landes vom Staat monatlich eine gewisse Summe Geld ausbezahlt bekommen, die an keinerlei Bedingungen geknüpft ist. Zumeist ist vorgesehen, dass bestimmte Sozialstaatsmaßnahmen zurückgefahren werden. In der Debatte um diesen Vorschlag existieren zahlreiche, teils gegensätzliche Konzepte, die kaum einheitlich behandelt werden können. Während eher marktliberale Ansätze auf einen radikalen Abbau von staatlichen Unterstützungsleistungen zielen und die Höhe des BGE niedrig ansetzen, sehen andere eine Ausgestaltung des bedingungslosen Grundeinkommens vor, die faktisch auf eine materielle Besserstellung der armen Bevölkerungsschichten hinauslaufen würde. Im Kontext dieses Buches wird von einem Konzept ausgegangen, das – unabhängig von seiner genauen Ausformulierung – eine solche Verbesserung vorsieht und damit der Idee nach eine Bekämpfung der Armut darstellen würde.

Auf welcher Ebene setzt sie an?

Zwar stellt das BGE kein direktes arbeitsmarktpolitisches Tool dar wie die beiden bisher diskutierten Vorschläge, insofern es sich um ein *sozialpolitisches* Instrument handelt: Steuern sollen zwischen den Bürger*innen so *umverteilt* werden, dass ein sozioökonomisches Existenzminimum unbürokratisch gewährt wird. Indirekt würde es sich jedoch auf den Menschen in seiner Rolle als Arbeitnehmer*in auswirken, insofern seine Verhandlungsmacht gegenüber den Arbeitgebenden wie auch bei der Jobgarantie gestärkt werden würde. Insofern wird auch hier der

Marktmechanismus *akzeptiert* und zugleich durch staatliche Distributionsleistung *modifiziert*. Auch dieses Tool ist zunächst als nationales konzipiert, wobei manche Vorschläge auch auf die Einführung eines globalen Grundeinkommens zielen.

Wie würde sie wirken? Leistungen und Grenzen

Zunächst ist festzuhalten, dass das BGE – selbst bei den Konzepten, denen soziale Fragen als Movens zugrunde liegen – unspezifisch allen Bürger*innen zugute käme; es stellt also keine gezielte Maßnahme für allein die von Armut Betroffenen dar.

Die Leistungen und Grenzen des BGE auf diese Personengruppe müssen hinsichtlich des Globalen Südens und des Globalen Nordens unterschieden werden. Bezüglich des materiellen Lebensstandards ist davon auszugehen, dass ein BGE in Staaten wie Deutschland für die allermeisten Menschen zu keiner Besserstellung führen würde, ist doch das sozioökonomische *Existenzminimum* im Wesentlichen garantiert. Deswegen fassen manche Forschende aus dem internationalen Kontext, wie Piketty, sozialstaatliche Unterstützungsmaßnahmen in Staaten wie Deutschland unter dem Begriff des Grundeinkommens, das sie offenbar als partiell verwirklicht ansehen (vgl. Piketty 2022, 1230).

Absolute Armut würde durch ein BGE abgeschafft werden, sodass die Wirkung in Staaten des Globalen Südens erheblich wäre. So überrascht es auch kaum, dass eine Debatte darum bspw. in Indien intensiv geführt wird (vgl. Standing u.a. 2015); selbstredend stellt sich die Frage der Finanzierung hier jedoch in besonderer Schärfe. Ein Pilotprojekt in Namibia hat aufgezeigt: Armut und damit häufig einhergehende Phänomene wie eine besondere Betroffenheit von Frauen und Kindern, hohe Verschuldungsquoten und eine schlechte medizinische Versorgung konnten dadurch gelindert werden (vgl. RLS 2009, XVIII). Auch wurde die Erwerbstätigkeit gesteigert, was besonders wichtig im Kontext der Debatte um mögliche Faulheit bzw. das prinzipielle Menschenbild ist (vgl. Precht 2018, 32 ff.; Fratzscher 2021). Da diese Diskussion ebenso wie das durch das

Grundeinkommen veränderte Verhältnis zwischen Individuum und Staat außerhalb der Armutsdebatte anzusiedeln sind, wird an dieser Stelle nicht weiter darauf eingegangen.

Beispielhaft zeigte sich in Namibia, was ein Problem der Implementierung des BGE im Allgemeinen wäre: Gilt es nur in einem Staat, würde es erhebliche Migrationsbewegungen auslösen. Tatsächlich war dies innerhalb Namibias in den Ort des Pilotprojektes der Fall, obwohl Zugezogene nicht anspruchsberechtigt waren; offenbar wurde in solchen Fällen innerhalb des Haushalts umverteilt. Wie bei der Jobgarantie stellt sich jedenfalls auch hier die Frage: Wer wird in dieses Programm inkludiert bzw. ausgeschlossen?

Welche anderen Parameter würden sich außerdem durch die Einführung des BGE verändern? Die Löhne könnten steigen, weil die Verhandlungsmacht der Arbeitnehmenden gestärkt wird. Da das BGE jedoch nicht für den Lebensunterhalt reicht und insofern alle mindestens hinzuverdienen müssen, erwarten andere sogar ein Sinken des Lohnniveaus, zumindest in den weniger qualifizierten Jobs (vgl. Krämer 2018, 141 f.).

Woran scheitert die Umsetzung?

Tatsächlich fällt das Bedingungslose Grundeinkommen aus der Reihe der bisherigen Vorschläge, da es diese Maßnahme im Gegensatz zu den bislang genannten in vielen Staaten der Welt in den Mainstream der Debatte geschafft hat. Umso frappierender scheint es, dass es kaum Pilotprojekte hierzu gibt und von dem in der westlichen Welt am bekanntesten finnischen kaum Auswertungen auf Deutsch oder Englisch zu finden sind (vgl. Erdmann/Dechmann 2018, 216). Die Widerstände gegen eine Einführung sind jedenfalls enorm und kommen von unterschiedlichster Seite. So positionieren sich in Deutschland die meisten Parteien (vgl. CDU/CSU 2021, 61; FDP 2022) sowie die Gewerkschaften wie bspw. Ver.di (Ver.di 2018) klar gegen das BGE und auch innerhalb des linken politischen Spektrums ist der Vorschlag umstritten. Mit Blick auf die Armutsbekämpfung scheint es insbesondere für den Globalen Süden vielversprechend, wobei es bislang auch hier über den Status von Debatten und dem Experimentieren mit ähnlich gelagerten Maßnahmen bspw. in Brasilien und dem Iran nicht hinauskam (vgl. Torry 2019, 303 ff.).

Weiterführende Literatur

Butterwegge, Christoph/Rinke, Kuno (Hg.) (2018): Grundeinkommen kontrovers. Plädoyers für und gegen ein neues Sozialmodell. Weinheim.

Standing, Guy u.a. (2015): Basic Income: A Transformative Policy for India. London.

Torry, Malcolm (Hg.) (2019): The Palgrave. International Handbook of Basic Income. London. Online: https://link.springer.com/content/pdf/10.1007/978-3-030-23614-4.pdf (Zugriff: 30.3.2024).

Schuldenerlass

„Das wirksamste Mittel des Nordens zur Herrschaft über den Süden ist heute der Schuldendienst." (Ziegler 2007, 71)

Was würde getan werden? Maßnahme

Der Vorschlag des Schuldenerlasses wäre richtigerweise sowohl unter den diskutierten als auch den praktizierten Gegenmaßnahmen einzuordnen, da in der Vergangenheit immer wieder Streichungen durchgeführt wurden, bspw. bei der sog. HIPC-Initiative (heavily indebted poor countries, vgl. IMF 2023). Von den prinzipiell für das Programm in Frage kommenden 39 hoch verschuldeten Staaten wurden dem BMZ zufolge 36 gänzlich entschuldet; insgesamt wurden 76 Milliarden US-Dollar gestrichen (vgl. BMZ o.D. c). Dabei gingen die Annullierungen mit der Verpflichtung einher, die frei werdenden Gelder für „armutsrelevante Ausgaben und Investitionen" (ebd.) zu nutzen. Ein ähnliches Vorhaben wird nun auf unter dem Stichwort Debt-for-Climate Swaps diskutiert (vgl. BMZ 2024b), bei denen Schulden zugunsten von Investitionen in Klimamaßnahmen erlassen werden.

Maßnahmen der Entschuldung, wie sie bspw. der eingangs zitierte Jean Ziegler fordert, würden über diese einzelnen, auf

HIPC beschränkte Initiativen durch eine umfassende, nicht nur partielle Entschuldung hinausgehen. Auch werden von entsprechenden Stimmen und Initiativen zumeist die mit der praktizierten Entschuldung einhergehenden Auflagen zur Verwendung der Gelder kritisiert; gerade vom IWF durchgeführte Programme gehen häufig mit Forderungen nach Kürzung von sozialen Subventionierungen etc. einher.

Auf welcher Ebene setzt sie an?

Die bisherigen Vorschläge – ein globaler Mindestlohn, eine Jobgarantie oder ein bedingungsloses Grundeinkommen – stellen Maßnahmen dar, die primär in die Funktionsweise des *Wirtschaftssystems* eingreifen. Mit der Maßnahme des Schuldenerlasses bewegen wir uns nun auf der unmittelbar *staatlichen* Ebene. Politisch Verantwortliche einzelner Nationen oder internationaler Organisationen erlassen anderen Staaten einen Teil der Schulden. „Die *politische* Regulierung ist notwendig, weil die Bedienung der Kredite durch die normalen *ökonomischen* Mechanismen der Aufbringung und des Transfers nicht mehr gewährleistet werden kann" (Altvater 1987, 270). Dabei dient dieses staatliche Eingreifen durchaus der Ökonomie, insofern dadurch die Funktionen der hochverschuldeten Staaten – sowohl nach innen als auch nach außen im Sinne der Teilnahme am internationalen Handel und Zahlungsverkehr – aufrechterhalten werden sollen.

Die von Altvater angesprochenen ökonomischen Mechanismen, die die Ableistung des Schuldendienstes untergraben, beziehen sich im Wesentlichen auf zwei Faktoren: zum einen auf die Rolle des verschuldeten Staates auf dem *Weltmarkt*, was den Übergang zur nächsten Gegenmaßnahme darstellt, und zum anderen auf dessen *historische* Rolle als Kolonie. Tatsächlich wurden nämlich zahlreiche Staaten wie Kenia oder Haiti mit einer riesigen Verschuldung in die Unabhängigkeit entlassen, indem sie Reparationszahlungen an die ehemaligen Kolonisatoren leisten mussten (vgl. Mbatia 2019, 152). „Die Anerkennung der Unabhängigkeitsschulden entspricht vom Grundsatz her der Rücknahme der Unabhängigkeitserklärung", so der haitianische Ökonom Leslie J. R. Péan (Maurer/Pollmeier 2020, 27). Denn schließlich ist der zu leistende Schuldendienst Teil des kolonialen Erbes, der die Ausgangsposition für die freie Teilnahme auf dem Weltmarkt extrem verschlechterte. Die Staaten waren fortan formal frei, aber ökonomisch abhängig – von den anderen Folgen für die ökonomische Position ganz zu Schweigen. Insofern setzt diese staatliche Maßnahme also auch beim historisch begangenen Unrecht an, dessen Folgen sich bis heute zeigen.

Wie würde sie wirken? Leistungen und Grenzen

Eine Schuldenreduktion bringt eine ganz unmittelbare Lockerung der „Zwangsjacke" (Nacpil 2022, 159) und damit eine Erleichterung für den Staatshaushalt. Gelder werden, anstatt einfach weggezahlt zu werden, für andere Ausgaben frei. Ob dadurch dann Maßnahmen zur Armutsbekämpfung ergriffen werden, ist damit noch offen; die Armut des jeweiligen Staates wird jedenfalls ein Stück weit gelindert. Auch für die schuldenstreichenden Staaten können damit Vorteile einhergehen, weil ein Schuldenerlass einen Beitrag zur weiteren Funktionsfähigkeit der hochverschuldeten Staaten leistet. Spätestens das Auftreten des Islamischen Staates, Staatsstreiche und der Komplettausfall von Staaten für den internationalen Handel zeigen, dass auch die entwickelten Staaten ein Interesse daran haben müssen, dass zumindest Basisaufgaben erfüllt werden können.

Natürlich sind die dadurch freiwerdenden Gelder nicht ausreichend, um tatsächlich ein Bildungssystem, weitergehende Infrastruktur etc. aufzubauen. Bei den bislang praktizierten Entschuldungsmaßnahmen sind die betroffenen Akteure offenbar sowieso nicht mehr davon ausgegangen, dass die Schulden je zurückgezahlt werden, sodass sich der Schaden in Grenzen hielt (vgl. Schmitz 2005, 1). Und wenn sich im internationalen Handel ansonsten nichts ändert, ist trotzdem nicht von einer substanziellen Entwicklung auszugehen. Schließlich bleiben die betroffenen Staaten weiterhin auf den Import bestimmter Produkte angewiesen, also ggf. auf erneute Verschuldung, wenn das Land selbst nicht über devisenbringende Waren oder Rohstoffe verfügt, die es exportieren kann. Schließlich könnte die Maßnahme sogar kontraproduktiv wirken, da ein Schuldenerlass aus Sicht der Finanzmärkte gegen die Verschuldungsfähigkeit eines Staates spricht. Dies erklärt auch, weswegen manche Staaten nicht Teil von entsprechenden Initiativen werden möchten: Sie fürchten um ihr Rating (vgl. Kaiser/Kopper 2020).

Woran scheitert die Umsetzung?

Wie dargelegt, wird diese Maßnahme teilweise bereits praktiziert. Dabei stellt sich aber natürlich immer die Frage, wer die finanziellen Lasten bezahlt: Werden die Schulden einfach gestrichen, sodass die Banken auf dem Schaden sitzenbleiben? Müssen internationale Organisationen ihre Ansprüche aus den Kreditbüchern streichen? Obwohl dadurch also durchaus ökonomische Interessen tangiert werden, ist der Vorschlag – je nach Umfang der zu streichenden Schulden – offenbar nicht so fundamental und unrealistisch wie die zuvor erläuterten, da damit auch Vorteile für die schuldenstreichenden Länder und Banken einhergehen. Um aber über diesen relativ begrenzten Wirkungskreis hinauszugehen, muss die Debatte um Entschuldung „aus universalistischer Perspektive“ (Piketty 2021, 31) geführt werden, also nicht nur mit Blick auf die kolonialen Gräuel der Vergangenheit, sondern auch auf die zukünftige Ausgestaltung des internationalen Systems bezogen, womit wir u. a. bei den „internationalen Transferleistungen“ (ebd.) und dem Handelssystem als Ganzes wären.

Weiterführende Literatur

Hein, Wolfgang (2001): Schuldenerlass und Armutsorientierung: Die neue Generation von konditionierter Hilfe der Internationalen Finanzinstitutionen. In: Neues Jahrbuch Dritte Welt. S. 39–52.

Schmitz, Andrea (2005): Research Report. Großzügige Gesten: Was bringt der G8-Schulden? Online: https://www.econstor.eu/bitstream/10419/254558/1/2005A31.pdf (Zugriff: 24.2.2024).

Modifikation des internationalen Handelssystems

„Und da man sie (die Geflüchteten, I.S.) hier nicht haben möchte, heißt es von den Regierungen so schön, man müsse die Fluchtursachen bekämpfen. Aber dazu müssten sie ein System ändern, von dem sie selbst profitieren." (Rackete 2019, 33)

Was würde getan werden? Maßnahme

Die internationalen politischen und ökonomischen Beziehungen wurden als Resultat des Kolonialismus und damit als eine der Ursachen für Armut genannt (vgl. Kapitel 4.2), dementsprechend könnte eine Umgestaltung des internationalen Handelssystem Abhilfe schaffen. Wie diese genau aussehen würde, unterscheidet sich je nach Vorschlag stark. Neben der im letzten Punkt angesprochenen Entschuldung kommen vor allem die Währung, Fragen von Protektionismus und Liberalisierung, also der Möglichkeit der politischen Steuerung des Handels, sowie die Veränderung der ex- bzw. importierten Waren in den Blick.

Hinsichtlich der politischen Steuerung des Handels liegen konträre Einschätzungen vor. Während eine Seite für eine radikale Liberalisierung wirbt, um das Wachstum in einem Land anzuregen, plädieren andere für Zölle und Kontingente, also protektionistische Maßnahmen, um den heimischen Markt vor ausländischer Konkurrenz zu schützen (vgl. Moyo 2009; Bello 2010).

Auf welcher Ebene setzt sie an?

Die Reformen des Handelssystems müssten von den Staaten ausgehen, wobei vor allem die Nationen des Globalen Nordens sowie China als mächtige, die Regeln des Welthandels wesentlich setzenden Akteure gefragt wären. Ausgehend von diesen veränderten staatlichen Rahmenbedingungen würden sich ökonomische Folgewirkungen wie beispielsweise eine modifizierte Sektorenzusammensetzung ergeben. Dabei versteht es sich von selbst, dass es sich hierbei um eine globale, nur im Konsens der Staaten zu verwirklichende Maßnahme handelt.

Die Einordnung unter den diskutierten Gegenmaßnahmen rechtfertigt sich insofern, als viele Vorschläge sehr weitgehende Reformen vorsehen. Es soll hier jedoch angemerkt werden, dass auch zahlreiche Handelsregeln in Kraft sind, die zur Armutsbekämpfung beitragen sollen, und bspw. auch der Koalitionsvertrag der vorletzten Regierung dieses Problem adressiert, wenn es heißt: „Globalisierung muss gerecht gestaltet werden. Die Schere zwischen arm und reich weltweit darf nicht weiter auseinandergehen" (SPD 2018, 159).

Wie würde sie wirken? Leistungen und Grenzen

Ein andersartig gestaltetes Handelssystem könnte den sogenannten Entwicklungsländern eine nachholende Industrialisierung ermöglichen, indem Importe durch eigene Produktion ersetzt und zugleich Exporte gefördert werden, um Devisen zu verdienen. Dem ehemaligen Entwicklungsminister Müller zufolge geht es um eine „Wertschöpfung vor Ort statt Ausbeutung des Kontinents. Eine neue Wirtschafts- und Handelspolitik setzt auf Diversifizierung der Wirtschaft, Wertschöpfung und Verarbeitung vor Ort, gezielte Förderung der Landwirtschaft, Ausbau der beruflichen Ausbildung und Schaffung eines neuen Mittelstands" (Müller 2017, 116). Hier schließt sich der Kreis zum vorherigen Punkt, da entsprechende Versuche in der Vergangenheit kreditfinanziert waren, denn nur durch Schulden bei anderen Staaten und Nationen konnte dieser „fordistische() Industrialisierungstyp" (Altvater 1987, 40) probiert werden.

Altvater analysiert am Beispiel Brasilien, welche endogenen und exogenen Faktoren einer Entwicklung entgegenstehen; eine radikale Veränderung des Handels könnte zwar die einheimische Produktion stärken, hätte jedoch eine hohe bzw. noch höhere Verschuldung und damit Abhängigkeit von den Geberländern zur Folge. Auch ist fraglich, ob es beim aktuellen Stand der Technik und der Abhängigkeit vom in den Maschinen inkorporierten Know-how überhaupt gelingen kann, den Vorsprung der entwickelten Zentren einzuholen und tatsächlich weltmarktfähige Produkte herzustellen. Dabei muss bedacht werden, dass es bereits jetzt möglich ist und auch praktiziert wird, entgegen der Meistbegünstigungsklausel Waren aus Entwicklungsländern mit geringeren oder gar keinen Zollgebühren zu belegen, ohne, dass dies zu einer nennenswerten industriepolitischen Entwicklung mit neu geschaffenen Arbeitsplätzen etc. beigetragen hätte.

Woran scheitert die Umsetzung?

Einem Land bevorzugte Handelsbedingungen einzuräumen bzw. das globale Handelssystem insgesamt zugunsten der ärmeren Staaten zu verändern, kann für alle Akteure langfristig von Vorteil sein. Das Beispiel China zeigt, wie westliche Firmen durch einen erweiterten Absatzmarkt profitieren, denn schließlich stellt der Welthandel kein Nullsummenspiel dar, bei dem die einen gewinnen, was die anderen verlieren. Vielmehr kann das weltweite BIP insgesamt wachsen, sodass der zu „verteilende Kuchen" größer wird.

Allerdings ändert dies nichts daran, dass es einen Kampf um die Anteile an diesem Kuchen und damit auch Angst davor gibt, Vorteile aufzugeben, die dann mit geringeren Wachstumsraten bezahlt werden müssen. Schließlich würden entsprechende Reformen zunächst einen Wettbewerbsnachteil für die reicheren Nationen im Vergleich zum heutigen Welthandelssystem darstellen. „Standards müssen deswegen nicht nur in Deutschland und in der EU, sondern im gesamten Welthandel gelten" (Müller 2017, 75), denn ansonsten wird die Angst vor ökonomischen Einbußen die Hoffnung auf ein global befeuertes Wachstum überwiegen. Auch wenn ihr die Konkurrenz der Nationen entgegensteht, erscheint diese Maßnahme – zumindest hinsichtlich moderater Reformen – relativ realistisch.

Weiterführende Literatur

Altvater, Elmar (1987): Sachzwang Weltmarkt. Verschuldungskrise, blockierte Industrialisierung, ökologische Gefährdung – der Fall Brasilien. Hamburg.

Bello, Walden (2010): Politik des Hungers. Berlin.

Mark, Langan (2018): Neo-Colonialism and the Poverty of 'Development' in Africa. Basingstoke.

Shivji, Issa (2009): Accumulation in an African Periphery. A Theoretical Framework. Dar es Salaam.

Globales Staatsbürgerschaftsrecht bzw. globale Freizügigkeit

„Das Wort ‚wir' ist nie universell; eine patriotische Politik ist keine kosmopolitische Politik. Aus dem gleichen Grund ist auch eine ‚universelle Staatsbürgerschaft' ein Widerspruch in sich." (Boehm 2022, 112)

Was würde getan werden? Maßnahme

Ausgehend von der Erkenntnis, dass es ein Staatsbürgerschaftsprivileg sowie eine Staatsbürgerschaftsstrafe gibt (vgl. Kapitel 4.1), liegt die Forderung eines globalen Staatsbürgerschaftsrechts nahe: Jeder Mensch hätte qua Geburt das Recht, sich in jedem Staat dieser Welt aufzuhalten und wäre dabei allen anderen Bürger*innen gleichgestellt. Jeglicher Ausschluss vom Arbeitsmarkt, vom sozialen Sicherungssystem etc., sprich sämtliche staatliche Exklusionsmechanismen auf Basis der (fehlenden) nationalen Zugehörigkeit wären beseitigt.

Auf welcher Ebene setzt sie an?

Es handelt sich hierbei um eine staatliche, rein rechtliche Maßnahme, die theoretisch auch von einzelnen Staaten eingeführt werden kann, aber eigentlich nur als weltweites, von allen Staaten implementiertes Recht denkbar ist. Sie zielt auf die Beseitigung der aktuell bestehenden Diskriminierung, die durch die praktische Definition eines Staatsvolkes und der damit einhergehenden Exklusion der anderen Menschen von diesem Volk in allen Staaten dieser Welt gegeben ist. Bereits jetzt existieren durch UN-Konventionen verbriefte Menschenrechte, auf die sich alle Menschen in fast allen Staaten der Welt – die die jeweilige UN-Konvention unterschrieben haben – berufen können; durch ein globales Staatsbürgerschaftsrecht, das diesen Namen verdient, würde es jedoch zu einer völligen Gleichstellung kommen.

Für Deutschland bedeutet dies, dass die Differenz zwischen Menschen- und Bürgerrechten aufgehoben wäre. Grundrechte wie Freizügigkeit, Berufsfreiheit oder Versammlungsfreiheit, die bislang nur den Deutschen zustehen, würden für alle gelten. Allerdings wäre auch eine andere Ausgestaltung möglich, indem bspw. alle politischen Rechte mit einem abgestuften Bürger*innen-Status verbunden und die neuen Rechte auf eine globale Freizügigkeit begrenzt wären. Unabhängig von der konkreten Ausgestaltung hätte diese Maßnahme erhebliche Folgen für die Individuen, und zwar sowohl für diejenigen mit Staatsbürgerschaftsstrafe als auch für die mit Staatsbürgerschaftsprivileg.

Wie würde sie wirken? Leistungen und Grenzen

Die unmittelbare Wirkung der Implementierung eines globalen Staatsbürgerschaftsrechts wäre, dass sich alle Menschen in den einführenden Ländern bzw. bei einer globalen Maßnahme auf der ganzen Erde frei bewegen könnten. Dadurch würden die individuellen Vorteile des Geburtsortes, die mit Leistungsgerechtigkeit und Chancengleichheit kaum zu vereinbaren sind, aufgehoben. Wenn man bedenkt, wie sehr der Geburtsort den Lebensstandard einer Person determiniert (vgl. 4.1), wäre dies in der Tat ein revolutionärer Schritt.

Zugleich jedoch handelte es sich „nur“ um eine Veränderung des rechtlichen Status. Mit ihr würde ein wesentlicher Beitrag dazu geleistet werden, allen Menschen „gleichere“ Ausgangsbedingungen im Leben zu geben. Doch faktisch hätte sich am materiellen Lebensniveau der Menschen noch nichts geändert. Möglich wären dann ungehinderte Migrationsbewegungen. Für *Einzelne* kann dies zu einem vereinfachten Aufstieg innerhalb der weltgesellschaftlichen Hierarchie führen (vgl. Maßnahme Migration, Kap. 5.1). Insgesamt würde dies jedoch – analog zur besprochenen Schwierigkeit bei der Verbesserung der Bildung (s. S. 104 ff.) – bei ansonsten gleichbleibenden Bedingungen zu einer Verschärfung der Konkurrenz um gutbezahlte Arbeitsplätze führen. Denkbar wäre also sogar, dass es zu niedrigeren Löhnen und damit zu einer Nivellierung des Lebensstandards nach unten kommt.

Die Implementierung eines globalen Staatsbürgerschaftsrechts hätte noch weitere, nicht auf Armut bezogenen Konsequenzen. Würde der Unterschied zwischen Bürger*innen und allen Menschen, die auf einem Territorium leben, gänzlich aufgehoben, gäbe es auch eine politische Gleichstellung mit Beteiligung an Wahlen. Da das Element eines Staatsvolkes ein wesentlicher Bestandteil eines Staates ist, wäre diese Maßnahme kaum denkbar ohne den Übergang zu einem Weltstaat; die einzelnen Personen wären nicht mehr sinnvoll auf nationale Institutionen beziehbar (s. nächste Gegenmaßnahme). Die politischen Rechte müssten also ausgeklammert und insofern eine Form der Abstufung zwischen den Individuen beibehalten werden, wenn Nationen an sich nicht aufgehoben werden sollen.

Woran scheitert die Umsetzung?

In der Debatte ist dieser Vorschlag kaum präsent, ganz offensichtlich wird er als unrealistisch eingestuft. Was steht dem globalen Staatsbürgerschaftsrecht, das eine fundamentale Behinderung der globalen Chancengleichheit beseitigen würde, entgegen?

Faktisch müssten sich alle Nationen auf eine globale Freizügigkeit einigen, da sie ansonsten einen Pull-Faktor darstellen würde; kein Staat würde sie ohne die anderen implementieren. Diese globale Maßnahme würde ein gemeinsames Interesse an einem globalen Kraftakt zur Beseitigung der Armut unterstellen, das zum gegenwärtigen Zeitpunkt nicht vorhanden ist. Vor allem ist davon auszugehen – alle anderen Parameter unverändert –, dass sie aufgrund der wirtschaftlichen Ungleichheit zu einer problematischen Migrationsbewegung in die kapitalistischen Zentren und zu einem Druck auf die Löhne führen würde. Somit stehen ihr die Interessen der Staaten des Globalen Nordens und der dort Geborenen im Wege – ganz abgesehen von den Widerständen nicht nur aus ökonomischen Gründen, sondern auch wegen des fehlenden kosmopolitischen und des manifesten national(istisch)en Bewusstseins. Auch hilft es zwar Einzelnen durch vereinfachte Immigrationsmöglichkeit, aus globalgesellschaftlicher Perspektive stellt die Bewegungsfreiheit jedoch kein Patentrezept gegen Armut dar.

Wie Boehm schreibt, ist „universelle Staatsbürgerschaft" ein Widerspruch in sich, da das Vorhandensein eines klar abgegrenzten „Wir" konstitutiv für einen Staat ist, der sich auf durch seine Grenzen definiertes Staatsvolk bezieht; die Aufhebung eines Staatsvolkes leitet also den Übergang zu einem Weltstaat ein.

Weiterführende Literatur

Babo, Markus (2021): Ein moralisches Menschenrecht auf globale Freizügigkeit. Die Enzyklika *Fratelli Tutti* gibt Orientierung. In: MüThZ Nr. 72, S. 140–155.

Cassee, Andreas/Goppel, Anna (Hg.) (2012): Migration und Ethik. 2. Aufl. Münster.

Müller, Johannes/Kiefer, Mattias (Hg.) (2004): Grenzenloses „Recht auf Freizügigkeit"? Weltweite Mobilität zwischen Freiheit und Zwang. Globale Solidarität – Schritte zu einer neuen Weltkultur, Band 10. Stuttgart.

Übergeordnete Vorschläge

Weltstaat

Wir sollten „bedenken, dass die heutigen Nationalstaaten nicht ewiger Teil der menschlichen Biologie oder unausweichliches Resultat menschlicher Psychologie sind. Vor 5.000 Jahren gab es keine Italiener, Russen oder Türken [...]. Künftig könnte sich sogar eine Art Weltgemeinschaft als praktikabel erweisen, vorausgesetzt, sie verfügt über ausreichend starke kulturelle Grundlagen. Wir kennen keine Obergrenze für die Größe einer Gruppe, mit der sich Menschen identifizieren können. Die meisten heutigen Nationen umfassen mehr Menschen als die gesamte Weltbevölkerung vor 10.000 Jahren." (Harari 2020, 183)

Was würde getan werden? Maßnahme

Die Einführung eines Weltstaates hat zunächst keinen genuinen Bezug zur Armutsthematik, da sie zunächst nur eine Frage der Reichweite der Institutionen wäre. Welche Staatsraison und welches Wirtschaftssystem hätte der Weltstaat? Daran hängt letztlich, ob er eine Antwort auf Armut darstellt. Vorausgesetzt, dass es sich hierbei um eine globale Demokratie mit einem kapitalistischen Wirtschaftssystem handeln würde – also das System „des Westens" auf Weltmaßstab projiziert –, lassen sich analytisch wichtige Folgerungen in Bezug auf die soziale Frage ziehen. Faktisch würde es sich hierbei um einen Staat handeln, der eine globale Marktwirtschaft betreut.

Auch hier existieren natürlich unterschiedliche Ansätze: „Weltstaat" kann bedeuten, dass Nationen gänzlich aufgelöst oder aber dass diese nicht ersetzt, sondern durch eine übergeordnete Instanz ergänzt werden (vgl. bspw. Höffe 1999). Letztere Ansätze können mit Blick auf Armut nur beurteilt werden, wenn die Kompetenzen und die Politikfelder der Vereinheitlichung eines solchen Weltstaates – wie Sozialpolitik, Wettbewerbsrecht etc. – geklärt sind.

Auf welcher Ebene setzt sie an?

Die bisherige Analyse stieß häufig darauf, dass die Konkurrenz zwischen den Nationen und die damit einhergehenden Folgen ein Hindernis für die Beseitigung der Armut darstellen. So konkurrieren Nationen um Investitionen der Unternehmen, um an ihrem Standort möglichst gute Wachstumsraten zu generieren, die wiederum hohe Steuereinnahmen, eine gute Verschuldungsfähigkeit und damit viele finanzielle Mittel im Staatshaushalt für unterschiedlichste staatliche Ausgaben bedeuten. Hinsichtlich des Verhältnisses der Nationen untereinander geht mit dieser Konkurrenz auch ein Kampf um möglichst vorteilhafte Handelsbedingungen einher. Diese immanente Logik führt dazu, dass hohe Löhne, gute Arbeitsbedingungen und sozialstaatlicher Schutz als Investitions- und Handelshemmnis in den Blick geraten. Die Etablierung einer weltweiten einheitlichen Instanz, die wie oben besprochen gleiche Bedingungen setzt, würde diese Logik durchbrechen. Die Maßnahme setzt also sehr fundamental bei der Funktionsweise unseres politökonomischen Systems an, indem der politische Rahmen der Wirtschaftsweise radikal verändert würde.

Als solches stellt sie eine staatliche Maßnahme dar, unterstellt jedoch eine gänzlich andere Auffassung der Bürger*innen von sich, nunmehr als Kosmopolit*innen, sowie eine Veränderung der Kalkulationen ökonomischer Stakeholder, was auch die hier vorgenommene Einordnung unter den allumfassenden Maßnahmen begründet.

Wie würde sie wirken? Leistungen und Grenzen

Vor dem Hintergrund der besprochenen Armutsursachen und Gegenmaßnahmen bedeutet die Implementierung eines Weltstaates, dass es keine Konkurrenz der Nationen mehr um bessere Standortbedingungen und entsprechend weltweit gleiche Bedingungen für alle Unternehmen gäbe. Die Bürger*innen würden einheitliche sozialpolitische Regelungen und Versorgungsansprüche vorfinden, es gäbe globale Bewegungsfreiheit und – angesichts der Tatsache, dass die meisten Nationen heute einen solchen haben – einen weltweiten Mindestlohn. Mittel- bis langfristig könnte es aufgrund der überall gleichen Bedingungen zu einer Entzerrung kommen: Statt nur weniger hochentwickelter Zentren mit guten Lebensbedingungen könnten sich auch andere Weltgegenden durch die Ansiedlung von Unternehmen entwickeln, was aber von anderen Parametern wie einem überall funktionierenden Rechtsstaat abhängig wäre.

Allerdings ist die tatsächliche Durchsetzung weltweiter sozialpolitischer Mindeststandards und damit die faktische Abschaffung der absoluten Armut selbstredend abhängig davon, dass der Weltstaat über genügend Einnahmen verfügt. Wenn man davon ausgeht, dass das Wirtschaftssystem weitestgehend unangetastet bliebe, also Firmen weiterhin dem Profitprinzip folgen und gegeneinander konkurrieren, entscheidet sich dies am weltweiten Wachstum. Hierbei gelten die unter den anderen Maßnahmen angesprochenen Überlegungen. Ein globaler Mindestlohn könnte aufgrund der gestiegenen Kaufkraft zu einem globalen Wachstumsschub führen, Unternehmen ihre Produktion ausweiten und dadurch neue Arbeitsplätze schaffen, was wiederum die Steuereinnahmen erhöht etc.

Abgesehen von der Armutsthematik lassen sich jedoch viele Bedenken gegen einen solchen Weltstaat formulieren, insbesondere die Frage nach der demokratischen Legitimation und nach dem Zustandekommen des Inhalts des Staates. Die schlichte Übertragung des westlichen politökonomischen Systems und von deren Kultur und Werten auf die ganze Welt wäre selbstredend kaum im Interesse der anderen Nationen.

Woran scheitert die Umsetzung?

Zwar existieren weltweit einige rudimentäre Elemente sozialer Politik, bspw. Akteure und Institutionen wie die FAO, ILO, WHO oder UNICEF (vgl. auch Leisering 2007, 194). Angesichts der engen Verzahnung der Entwicklung des Sozialstaates mit der Nationenbildung spricht Leisering jedoch von der „evolutionäre(n) Unwahrscheinlichkeit globaler Sozialpolitik" (ebd., 187). Noch unwahrscheinlicher ist das Entstehen eines Weltstaates und selbst in der entsprechenden Disziplin, den Internationalen Beziehungen, erscheint es wie ein Naturgesetz, dass es „keine übergeordnete Instanz, keinen Weltstaat gibt, der mit einem internationalen Gewaltmonopol ausgestattet ist" (Menzel 2015, 17). Davon zeugt nicht zuletzt die Debatte über das Integrationsziel der Europäischen Union, wo selbst in einem relativ einheitlichen Kulturkreis das Telos eines Unionsstaates völlig aus der Welt zu sein scheint.

Insofern stehen der Einführung sämtliche Akteure entgegen. Die Maßnahme ist nicht im Interesse der Staaten, die ihre Macht nicht an ein globales Gewaltmonopol abgeben möchten, und wohl auch nicht im Interesse der meisten Bürger*innen, die sich meistens als national definierte verstehen. Ein kosmopolitisches Bewusstsein ist heute wohl nur als Ergänzung und nicht als Ersatz der nationalen Gesinnung denkbar (vgl. Höffe 2004).

Weiterführende Literatur

Leisering, Lutz (2007): Gibt es einen Weltwohlfahrtsstaat? In: Albert, Mathias/Stichweh, Rudolf (Hg.): Weltstaat und Weltstaatlichkeit. Beobachtungen globaler politischer Strukturbildung. Wiesbaden, S. 187–208.

Postwachstumskonzepte

„Es ist offensichtlich, dass Menschen Zugang zu sauberem Wasser, gesunder Nahrung, Obdach, Gesundheitsversorgung, angemessener Bildung und Möglichkeiten brauchen, ihren Lebensunterhalt zu verdienen. Leider [...] werden viele dieser Grundbedürfnisse durch die derzeitige Konzentration auf das Wachstum unseres BIP nicht erfüllt. Indiens Regierungen haben es versäumt, die massive Schattenseite des Wachstums anzuerkennen. Ihre Vision von Entwicklung ist weitgehend zu einem Synonym für die Verwestlichung des kapitalistischen Wachstums geworden und negiert damit die grundlegende Idee, dass Entwicklung ein demokratischer Prozess sein sollte, der das Wohlergehen der einfachen Menschen und ihrer Umwelt verbessert." (Gerber/Raina, 2018, 2, eigene Übersetzung)

Was würde getan werden? Maßnahme

In diesem Kapitel wurde bereits Wachstumsförderung als praktizierte Gegenmaßnahme gegen Armut diskutiert. Konträr dazu sollen nun Postwachstumskonzepte aufgegriffen werden. Hinter diesem Schlagwort verbergen sich vielfältige Theorien, die die Kritik am Wachstumsparadigma und der Wunsch nach einer anderen, sozial-ökologischen Wirtschaftsweise eint. Maßstab erfolgreichen Wirtschaftens wäre also nicht länger (allein) das Bruttoinlandsprodukt, sondern Kriterien, die das Wohl der Menschen und des Planeten berücksichtigen.

Wie diese Umgestaltung genau aussehen würde, lässt sich nicht einheitlich beantworten. Die von Christian Felber vorgeschlagene Gemeinwohl-Ökonomie etwa würde innerhalb des bestehenden Systems Anreize für Unternehmen anders setzen, sodass nicht länger Werte wie Egoismus und Durchsetzungsfähigkeit belohnt werden, sondern sich sukzessive eine allen dienende Ökonomie etabliert (vgl. Felber 2018). Andere wie Klaus Dörre plädieren für einen radikaleren Umbau, der in den Sozialismus – also eine gänzlich neue Form des Wirtschaftens – führen soll (vgl. Dörre 2021). Auch die jeweils adressierten Akteur*innen unterscheiden sich stark: Manche Konzepte nehmen jeweils vor allem die Unternehmen, den Staat, die Einzelnen oder die Gesellschaft als Ganzes in die Verantwortung.

Auf welcher Ebene setzt sie an?

Zunächst ist festzuhalten, dass Vorschläge dieser Art in den meisten Fällen nicht mit dem Movens der Armutsbekämpfung entwickelt wurden (vgl. Schmelzer/Vetter 2019, 69 ff., s. hingegen Hickel 2017). Zumeist richtet sich der Fokus eher auf ökologische Anliegen, womit einhergeht, dass sie der Idee nach als globale konzipiert sind: Nur wenn alle oder zumindest viele Staaten ihre Wirtschaft umstellen, könnte der Klimawandel wirksam bekämpft werden. Dabei wird häufig ausgeblendet, dass sich durch die entsprechenden Konzepte unmittelbar soziale Fragen stellen. Aufgrund der in der Einleitung dargelegten Zangenkrise sind diese beiden Punkte unmittelbar miteinander verknüpft. Auch wenn Postwachstumstheorien also zumeist weder ein sozial- noch ein arbeitsmarktpolitisches, gewerkschaftliches oder karitatives Tool gegen Armut darstellen, können sie dennoch auf mehreren Ebenen eine Leistung hinsichtlich der Armutsbekämpfung erbringen.

In der Systematik der Armutsbekämpfung reihe ich Vorschläge dieser Art deswegen an das Ende dieses Kapitels ein, weil sich darin Ansätze zur Veränderung der Staaten, der Wirtschaft sowie der Lebensweise der Menschen miteinander verknüpfen.

Wie würde sie wirken? Leistungen und Grenzen

Mit Blick auf den Globalen Süden sind vor allem zwei Punkte hervorzuheben. Eine Ökonomie, die nicht mehr auf Wachstum setzt, müsste mit einer anderen Art des Zugangs zu Arbeit und Konsumgütern einhergehen, um Armut bekämpfen zu können; wird dies ausgeblendet, hätte das Konzept des Postwachstums sogar negative Effekte auf die soziale Lage der Massen, weil die Organisation und Schaffung bzw. der Erhalt von (gut) bezahlten Arbeitsplätzen für doppelt freie Lohnabhängige den unmittelbarsten Weg aus Armut darstellt. Sollte der Vorschlag also schlicht vorsehen, die weltweit erreichte Menge an Waren und Dienstleistungen beim jetzt erreichten Stand zu fixieren bzw. zu senken, wäre dies eine gefährliche „Illusion" in einer „armen und ungleichen Welt" (Milanović 2017), die sich dss Ausmaßes der absoluten Armut im Globalen Süden heutzutage schlicht nicht bewusst ist.

Werden die Faktoren Arbeit und Produktverteilung jedoch berücksichtigt, kann die Überwindung der Wachstumsfixierung auf einer anderen Ebene durchaus zur Bekämpfung von materieller Deprivation beitragen. Tatsächlich wird Armut im Globalen Süden heute häufig auch dadurch verursacht, dass Staaten auf Deviseneinnahmen angewiesen sind und deshalb Wirtschaftsprojekten zustimmen, die Teile der Bevölkerung verarmen lassen: „Und zur gleichen Zeit, als Kenia Land für den Gemüseanbau an Katar abtrat, bettelte der Staat um Nahrungsmittelhilfen, weil Kenianer verhungerten. Das ergibt keinen Sinn" (Mbatia 2019, 154 f.), so die kenianische Menschenrechtsaktivistin Mbatia. Tatsächlich ergibt es vom sozialen Standpunkt aus gesehen keinen Sinn, in der kapitalistischen Rechnungsweise aber durchaus: Kenia erhält von Katar Devisen, auf die es dringend für andere Importgüter angewiesen ist; dass das Land für die Versorgung der eigenen Bevölkerung genutzt werden könnte, ist vor diesem Hintergrund offenbar sekundär. Ebendiese systemimmanente Logik könnte mit dem Ende des BIPs als höchstem Staatsziel durchbrochen werden.

Hinsichtlich des Globalen Nordens würden Postwachstumsökonomien andere Auswirkungen haben. Auch hier gilt, dass sich hinsichtlich des Lebensstandards alles an der Frage der Organisation, des Zugangs und der Verteilung von Arbeit und Konsumgütern entscheidet – was nach der jeweiligen Theorie separat beurteilt werden müsste. Davon abgesehen einen alle mit Blick auf Armut und Reichtum drei Punkte. Erstens propagieren Konzepte dieser Art ein anderes Verständnis von Wohlstand. Statt eines „Immer mehr" auch im Privaten, also einer Konsumfixierung, bei der sich der Erfolg des Lebens über Geld definiert, soll ein gutes Leben über andere Kriterien definiert werden. Ihnen ist also der Versuch gemeinsam, einen *Bewusstseinswandel* hinsichtlich des Verständnisses von Armut und Reichtum zu initiieren bzw. „zuvorderst die Lebensstilfrage (zu) thematisieren" (Paech 2013, 140). Dinge selbst herzustellen, mehr Zeit für die eigene Entfaltung, Engagement fürs Gemeinwohl, ein anderes Verhältnis zur Natur etc. sind Faktoren, die ein gelingendes Leben demzufolge ausmachen können. Zweitens, und damit zusammenhängend, ist davon auszugehen, dass der materiell gemessene Lebensstandard insgesamt sogar fallen würde; mit Blick auf den mit dem Einkommen steigenden CO_2-Verbrauch ist diese Folge logischer Bestandteil der Theorie. Ob relative Armut im Globalen Norden überhaupt einen Sorgegenstand darstellt, bleibt meistens unklar. Und drittens schließlich kann argumentiert werden, dass aufgrund der Tatsache des signifikant höheren CO_2-Verbrauchs im Globalen Norden sowie der primären Betroffenheit der ärmsten Menschen und Länder des Globalen Südens durch die aktuellen Wirkungen der Klimakrise ebendiese Senkung des materiellen Lebensniveaus einen Beitrag zur Reduzierung der globalen Armut leisten könnte (vgl. Hickel 2021).

Eine Grenze der möglichen Wirkung ergibt sich, wenn man den Umsetzungsradius mit in Betracht zieht. Mit Blick auf die Klimakrise wäre eine globale Umsetzung notwendig. Dass sich die Staaten hierauf verständigen können, ist mehr als unwahrscheinlich. Umgekehrt ist jedoch auch kaum denkbar, dass sich eine einzelne Nation für diesen Weg entscheidet, denn diese wäre schließlich kaum autark, sondern weiterhin auf den internationalen Handel angewiesen, allerdings ohne, dass sie in der für alle anderen entscheidenden Währung Geld oder auf dem Weltmarkt konkurrenzfähige Waren etwas zu bieten hätte. Der ökonomische und machtpolitische Abstieg in der Hierarchie der Staatenwelt wäre also vorprogrammiert.

Woran scheitert die Umsetzung?

Der von Felber mitgegründeten Initiative „Geimeinwohl-Ökonomie" ist es laut eigener Darstellung gelungen, über 1.000 Unternehmen zur Verwirklichung ihres Konzepts zu animieren (vgl. Gemeinwohl-Ökonomie Deutschland, o.D.); tatsächlich erscheint es jedoch äußerst unwahrscheinlich, dass Postwachstums-Theorien von großen Unternehmen und Staaten umgesetzt werden. Letztlich ginge damit eine gänzliche Umgestaltung der Wirtschaft, der Staatstätigkeit, der internationalen Einbindung, der gelebten Werte und auch der persönlichen Lebensführung einher, während bereits kleinere politische Ideen, die in die private Lebensgestaltung eingreifen würden (z.B. „VeggieDay"), mit massiver Ablehnung konfrontiert sind. Die Umsetzung scheitert also an sämtlichen Akteuren dieser (globalen) Gesellschaft – zumindest aus heutiger Sicht.

Weiterführende Literatur

Dörre, Klaus u.a. (2019): Große Transformation? Zur Zukunft moderner Gesellschaften. Wiesbaden. Online: https://link.springer.com/content/pdf/10.1007/978-3-658-25947-1.pdf (Zugriff: 30.3.2024).

Gerber, Julien-François/Raina, Rajeswari (2018): Post-growth thinking in India: Towards sustainable egalitarian alternatives. Hyderabad.

Hickel, Jason (2017): Die Tyrannei des Wachstums. Wie globale Ungleichheit die Welt spaltet und was dagegen zu tun ist. München.

5.3 Armutsbekämpfung und sozial-ökologische Transformation

Wie im Buch mehrmals aufgegriffen, können Maßnahmen zum Kampf gegen Armut und solche gegen die Klimakrise zueinander in Widerspruch treten. Das grundlegende Spannungsverhältnis besteht darin, dass viele Maßnahmen davon abhängig sind, dass das Wachstum in einem Staat floriert – bspw. um einen starken Sozialstaat zu unterhalten und entsprechend Unterstützungsleistungen an Bedürftige zu bezahlen. Zugleich bedeutet Wachstum jedoch auch Ressourcenverbrauch, also ein Anheizen des Klimawandels. Im Folgenden soll es also darum gehen, die möglichen Konsequenzen der Armutsbekämpfung auf die ebenso anvisierte sozial-ökologische Transformation zu beleuchten. Welche Folgen haben die diskutierten Maßnahmen auf die Klimakrise bzw. den Kampf gegen diese?

Bezüglich des Veganismus als Antwort auf Armut wurde dargestellt, dass eine vegane Ernährungsweise zwar zu einer Steigerung der verfügbaren Kalorien führen würde, jedoch zum gegenwärtigen Zeitpunkt dieser Mangel gar nicht das Problem der Armut begründet. Bei einer wachsenden Weltbevölkerung könnte das in einigen Jahren anders aussehen, jedoch müsste auch dann der Zugang zu bzw. die Verteilung der Nahrungsmittel geändert werden. Hinsichtlich der Klimakrise scheint diese Gegenmaßnahme eine der wenigen zu sein, bei der man umfassend von einer positiven Wirkung sprechen kann: Eine rein pflanzliche Lebensweise trägt auch zu einem geringeren Ressourcenverbrauch bei.

Als weitere individuelle Antwort wurde Migration diskutiert. Tatsächlich kann diese eine individuelle Strategie gegen

Armut darstellen, und schon heute fliehen viele Menschen auch wegen der klimatischen Veränderungen in der Hoffnung auf ein besseres Leben. Diese individuelle Strategie ist „klimaneutral". Die Weltgemeinschaft sollte sich jedoch die Frage stellen, ob es tatsächlich eine adäquate Antwort auf die Klimakrise sein kann, dass wir immer mehr Erdteile verloren geben. Gleiches gilt für das globale Staatsbürgerschaftsrecht, das einer ähnlichen Logik folgt.

Die allgemeine Beurteilung von Postwachstumstheorien ist schwierig. Solange privatwirtschaftliche Forschung zur Bekämpfung des Klimawandels dem Profit dient und auch staatliche Forschung bezahlt wird, kann die Antwort nicht einfach in weniger Wachstum liegen. Dasselbe gilt für Projekte wie ein bedingungsloses Grundeinkommen oder Entwicklungshilfe; auch hierfür wäre dann schlicht kein Geld mehr da, wenn Wachstum abgeschafft wird, alle anderen Parameter aber unverändert bleiben.

Hinsichtlich der Umverteilung, des bedingungslosen Grundeinkommens und des Mindestlohns auf individueller Ebene gilt dasselbe wie für den Schuldenerlass oder wachsende Mittel für Entwicklungshilfe auf staatlicher Ebene: Der Grundkonflikt zwischen der Verausgabung monetärer Mittel zur Armutsbekämpfung und dem Schutz des Klimas macht sich geltend. Beim Schuldenerlass könnten die freigesetzten Mittel von den Staaten des Globalen Südens dafür verwendet werden, Abwehrmaßnahmen gegen den Klimawandel zu ergreifen. Werden sie jedoch in Infrastrukturprojekte investiert, erhöhen sie den CO_2-Ausstoß. Auch die Stärkung der globalen Kaufkraft durch den globalen Mindestlohn oder das Grundeinkommen könnten hierzu führen, da man aus Studien heute weiß, dass ein steigendes Einkommen mit einem wachsenden Ressourcenverbrauch einhergeht. So verursachen die reichsten zehn Prozent der Menschen die Hälfte aller Emissionen, während die Ärmsten 50 Prozent nur circa zehn Prozent beitragen (vgl. Kaur Paul/ Gebrial 2022, 146).

Natürlich kann daraus nicht die zynische Folgerung gezogen werden, dass Menschen und Staaten weiterhin in Armut leben, während der Westen eine nicht verallgemeinerbare Lebensweise verfolgt. Und dennoch ist dieses Dilemma hinsichtlich der möglichen Antworten auf Armut ernst zu nehmen. Tatsächlich kann daraus nur folgen, dass wir die imperiale Lebensweise insgesamt und unser Konzept eines guten Lebens überdenken müssen. Aus moralischen Gründen kann das Spannungsverhältnis nicht in Richtung eines Versagens eines gestiegenen Lebensstandards im Globalen Süden, sondern nur durch eine Beendigung der Ressourcenfixierung und damit in Richtung von Abstrichen im Globalen Norden aufgelöst werden. Durch einen Weltstaat eröffnete sich – unabhängig von der Bekämpfung der Armut – auch die Möglichkeit einer tatsächlich global koordinierten, ohne Konkurrenz um das nationale Wachstum vollzogenen, alle Erdteile mitbedenkende Klimapolitik. Diese Gedanken werden in der Conclusio aufgegriffen werden.

6. Überblick über wichtige Berichte, Akteure und Indizes

Inzwischen hat sich auf nationaler und internationaler Ebene eine umfassende Armutsberichterstattung herausgebildet. Im Folgenden sollen die wichtigsten Berichte, die dahinterstehenden Akteure und verwendeten Konzepte sowie deren Historie überblicksartig dargestellt werden.

Berichterstattung in Deutschland

Bericht des Paritätischen Wohlfahrtsverbandes

Berichte über Armut unterstellen, dass man von der Existenz materieller Deprivation ausgeht und sie für ein für Gesellschaft und Politik relevantes Thema hält. Vermutlich gab es deswegen in Deutschland lange Zeit keine Berichterstattung der Bundesregierung oder des Bundestages. Diese fehlende staatliche Initiative versuchten Wohlfahrtsverbände, Gewerkschaften und Kirchen durch ihr Engagement auszugleichen (vgl. Butterwegge 2021, 33). Im Jahr 1989 erschien der erste Armutsbericht des Paritätischen Wohlfahrtsverbandes (vgl. Deutscher Paritätischer Wohlfahrtsverband 2020, 17). Es folgten 1994 zwei weitere Berichte gemeinsam mit dem Deutschen Gewerkschaftsbund (DGB) und so etablierte sich sukzessive eine kontinuierliche Armutsberichterstattung durch nicht-staatliche Stellen. Seit 2011 publiziert der Paritätische jährlich einen Armutsbericht (vgl. Deutscher Paritätischer Wohlfahrtsverband 2024, 17).

Armutsberichte der Bundesregierung

Der Paritätische Wohlfahrtsverband forderte in seinem ersten Bericht die Bundesregierung zu einer kontinuierlichen staatlichen Berichterstattung auf. 2001 war es schließlich so weit: Unter einer rot-grünen Bundesregierung wurde der erste offizielle Bericht über die „Lebenslagen in Deutschland“ unter Federführung des Bundesministeriums für Arbeit und Soziales publiziert. Seitdem hat sich die Bundesregierung verpflichtet, in jeder Legislaturperiode einen neuen vorzulegen. Inzwischen sind sechs Berichte erschienen, die alle unter www.armuts-und-reichtumsbericht.de abrufbar sind.

Der Prozess der Erstellung wird von externen unabhängigen Wissenschaftler*innen durch konkrete Mitarbeit oder Beratung begleitet, außerdem werden zivilgesellschaftliche Akteure einbezogen (vgl. Bundesministerium für Arbeit und Soziales 2023). Dadurch soll sichergestellt werden, dass die politischen Maßnahmen der vergangenen Jahre offen evaluiert und die Verteilungslage in Deutschland auch im Vergleich zu den Vorjahren transparent dargestellt wird. Wie schwer sich alle bisherigen Bundesregierungen damit tun, manifestiert sich immer wieder in den Debatten vor und während der Veröffentlichung des jeweiligen Berichtes.

Schattenbericht

2012 erschien der erste „Schattenbericht der Nationalen Armutskonferenz"; 2015 und 2018 folgten zwei weitere. Die Nationale Armutskonferenz (nak) ist Teil des europäischen Netzwerks gegen Armut EAPN (European anti poverty network) und wurde 1991 gegründet. Verschiedenste Verbände und Organisationen sind Teil des Bündnisses, beispielsweise Schuldnerberatungen, Arbeitsgemeinschaften aus der Wohnungslosen- oder Straffälligenhilfe, Vereine aus verschiedenen Bereichen sowie der Berufsverband der Sozialen Arbeit. Die nak organisiert verschiedene nationale und internationale Treffen mit Armutsbetroffenen, die auch in den Schattenberichten zu Wort kommen. Außerdem organisiert sie Fachtage zu aktuellen Themen, schreibt Stellungnahmen zu Gesetzen und gehört zum Beraterkreis des Armuts- und Reichtumsberichts der Bundesregierung.

Literatur

Nationale Armutskonferenz 2023a: Schattenbericht, verfügbar unter: https://www.nationale-armutskonferenz.de/veroeffentlichungen/schattenbericht/ (Zugriff: 12.7.2023).

Nationale Armutskonferenz 2023b: Über uns, verfügbar unter: https://www.nationale-armutskonferenz.de/ueber-uns/ (Zugriff: 12.7.2023).

Kommunale und städtische Armutsberichterstattung

Der Ölpreisschock sowie der wirtschaftliche Strukturwandel hin zu einem Bedeutungszuwachs des Dienstleistungssektors in den Jahren 1973 und 1974 hatte einen Anstieg der Arbeitslosigkeit in den 70er Jahren und die Nachfrage nach anderen Kompetenzen zur Folge (vgl. Zimmermann 1993, 194). Um diese Veränderungen zu verstehen und entsprechend intervenieren zu können, ließen einige Kommunen Armutsberichte erstellen (vgl. Best/Boeckh/Huster 2018, 34 f.). Tatsächlich waren sie durch diese frühe Dokumentation Wegbereiter für die darauffolgende Armutsberichterstattung im Bund (vgl. Best/Boeckh/Huster 2018, 35; vgl. Mardorf 2006, 29). Fokussiert wurden bei der Berichterstattung Arbeitslosigkeit und Sozialhilfe. Eine präzisere Definition des Armutsbegriffs fand zumeist nicht statt. Die Berichte der Kommunen wurden jedoch im Laufe der Jahre immer ausdifferenzierter und durch amtliche Statistiken ergänzt (vgl. Best/Boeckh/Huster 2018, 35).

Internationale Berichterstattung

Ausgangspunkt sowohl der Gründung des IWF als auch der Weltbank war die Bretton Woods-Konferenz im Juli 1944. Ziel der Konferenz aus 44 Vertretern der alliierten Nationen war der Aufbau einer neuen Wirtschaftsordnung in internationaler Zusammenarbeit. Dort wurde u. a. der Internationale Währungsfonds eingerichtet, der drei Aufgaben zu erfüllen hatte: die internationale Währungskooperation zu fördern, den weltweiten Handel auszuweiten und Wirtschaftswachstum zu unterstützen sowie Maßnahmen zu verhindern, die dem Wohlstand schaden könnten (vgl. IMF 2022).

Internationaler Währungsfond (IWF, International Monetary Fund, IMF)

Der IWF ist eine 1944 gegründete Sonderorganisation der UNO, die vor allem zur Schaffung eines Systems fester Wechselkurse zum Zwecke der Handelserleichterung nach dem Zweiten Weltkrieg ins Leben gerufen wurde. Ziele sind u.a. die Förderung wirtschaftspolitischer Zusammenarbeit und der Stabilität des internationalen Wirtschafts- und Währungssystems, die Ausweitung des Welthandels und die Steigerung des Lebensstandard weltweit sowie die Beschäftigungs- und Einkommenssicherung. Hierzu werden Finanzhilfen mit wirtschaftspolitischen Auflagen gewährt, weswegen dem IWF im Kontext der Armutsthematik Bedeutung zukommt.

Aktuell hat die Organisation 190 Mitgliedsstaaten, wobei sich deren jeweiliger Stimmanteil aus der Quoteneinzahlung des Landes ergibt, die sich wiederum aus seiner wirtschaftlichen und finanziellen Stärke errechnet. Momentan verfügen die USA über 17,5 Prozent, Japan über 6,5, China über 6,4 und Deutschland über 5,6 Prozent. Für Beschlüsse ist eine Mehrheit von 85 Prozent nötig, wobei den USA und allen europäischen Ländern zusammen ein Vetorecht zukommt (vgl. Bundesministerium für Finanzen, 2022; vgl. International Monetary Fund 2023).

Weltbank („World Bank")

Die Weltbank wurde 1945 zur finanziellen Unterstützung der vom Krieg betroffenen Länder gegründet. Sie hat 189 Mitgliedsstaaten und 130 Einrichtungen überall auf der Welt (vgl. World Bank 2023a). Ihre Ziele bestehen in der Verringerung der Armut, der Erhöhung des Pro-Kopf-Einkommens, der Verbesserung des Lebensstandards sowie der Förderung von nachhaltiger Entwicklung (vgl. Bundesministerium für Entwicklung und Zusammenarbeit 2023). Außerdem stellt sie Daten und

Forschungsergebnisse rund um das Thema „Entwicklung“ bereit, verfügt über eigene Forschungsbereiche und fungiert somit auch als Wissensbank (vgl. World Bank 2023b).

Der erste Armutsbericht der Weltbank erschien im Jahr 1978 und behandelte die Lage sogenannter Entwicklungsländer und deren Beziehung zur internationalen Wirtschaftslage. Der Bericht soll nach Aussage der Weltbank einen Einblick in die immer komplexer werdenden Strukturen internationaler Wirtschaftsbeziehungen geben und beleuchtet die Fortschritte bezüglich Wachstum und Armutsbekämpfung (vgl. World Development Report 1978, o.S.).

Literatur

World Bank (2023a): Who we are. Organization. Online: https://www.worldbank.org/en/about/leadership (Zugriff: 17.4.2024).

World Bank (2023b): Repräsentation. Online: https://www.worldbank.org/de/about/leadership/directors/eds05/constituency (Zugriff: 25.3.2024).

Ernährungs- und Landwirtschaftsorganisation der Vereinten Nationen (FAO, Food and Agriculture Organization of the United Nations)

1945 wurde eine andere Unterorganisation der UN, die Ernährung- und Landwirtschaftsorganisation gegründet. Sie setzt sich für die weltweite Ernährungssicherheit und somit auch für die Beendigung von Hunger ein. Hierfür arbeitet die FAO in 130 Ländern (vgl. Food and Agriculture Organisation of the United Nations 2023). Außerdem legt sie seit 1999 einen jährlichen Bericht über Hunger und Unterernährung vor („The state of food Security and Nutrition in the World“).

Entwicklungsprogramm der Vereinten Nationen (UNDP, United Nations Development Programme

Das Entwicklungsprogramm ist eine eigenständige Organisation der Vereinten Nationen, die 1966 gegründet wurde. Sie beschäftigt sich mit Entwicklungsfragen und -programmen auf globaler Ebene und hat die Aufgabe, Länder bei der Erreichung ihrer Entwicklungsziele zu unterstützen, die in den Sustainable Development Goals (SDGs) der Vereinten Nationen verankert sind. Diese Ziele umfassen Themen wie Armutsbekämpfung, Bildung, Gesundheit, Umweltschutz, Geschlechtergleichstellung und vieles mehr. Das UNDP bietet hierzu technische Hilfe, finanzielle Ressourcen und Expertise (bpb 2011). Außerdem entwickelt es eigene Programme und Initiativen, die die nachhaltige wirtschaftliche Entwicklung und die Lebensqualität fördern sollen, u. a. auch den Human Development Index sowie den Multidimensional Poverty Index (vgl. UNDP 2023a). Jährlich erscheint der sich auf diese Indizes stützende Human Development Report.

Abb. 2: UN-Nachhaltigkeitsziele (Sustainable Development Goals, SDGs)

Quelle: Bundesministerium für Umwelt, Naturschutz, nukleare Sicherheit und Verbraucherschutz 2024

Am 25.9.2015 haben die Mitglieder der Vereinten Nationen die sogenannte Agenda 2030 beim UNO-Nachhaltigkeitsgipfel verabschiedet. In der Agenda sind 17 Ziele für die nachhaltige Entwicklung festgehalten (Bundesministerium für Umwelt, Naturschutz, nukleare Sicherheit und Verbraucherschutz 2024). Ziel ist es, die weltweite Entwicklung ökologisch, sozial und wirtschaftlicher nachhaltig zu gestalten und für zukünftige Generationen ein würdevolles Leben zu sichern. Dabei sollen die schwächsten und vulnerabelsten Gruppen in den Mittelpunkt gestellt werden (Auswärtiges Amt 2021). Im Kontext dieses Buches sind vor allem die ersten beiden SDGs relevant, nämlich Hunger und Armut zu bekämpfen.

Tab. 1: Internationale Armutsberichte

Institution	Bericht	Erscheinungsturnus
United Nations (UN)/Vereinte Nationen	Global Multidimensional Poverty Index	Jährlich
United Nations (UN)/Vereinte Nationen United Nations Development Programme	Human Development Report/ Bericht über die menschliche Entwicklung	Jährlich
United Nations (UN)/Vereinte Nationen Food And Agriculture Organization (FAO)	The State of Food Security and Nutrition in the World	Jährlich
Welthungerhilfe (private NGO)	Welthunger-Index	Jährlich
Weltbank	Poverty and Shared Prosperity	Alle zwei Jahre

Quellen: eigene Zusammenstellung

Tab. 2: Wichtige Studien

Name	Durchführende Institution	Form	Befragte	Förderung
SOEP (Sozioökonomisches Panel)	DIW Berlin, Leibniz Institut	Multidisziplinäres Langzeitpanel	30.000 Befragte in 15.000 Haushalten	BMBF
Mikrozensus (kleine Bevölkerungszählung)	Statistische Ämter des Bundes und der Länder	Jährlich Befragung	810.000 Befragte in 370.000 Haushalten = 1 % der Bevölkerung	Staatliche Mittel, BMI, Bundesamt für Statistik
EU-SILC (European Union Statistics on Income and Living Conditions)	Seit 2020 in Mikrozensus integriert Statistische Ämter des Bundes und der Länder EU-weite Befragung für Vergleichbarkeit der Länder	Längsschnittstudie, jährliche Befragung für vier Jahre in Folge	40.000 Haushalte	Staatliche Mittel, BMI, Bundesamt für Statistik

Quellen: eigene Darstellung auf Basis von Deutsches Institut für Wirtschaftsforschung e.V. 2023; Statistisches Bundesamt 2023a, 2023b

Internationale Indizes

Im internationalen Kontext existieren inzwischen zahlreiche, von unterschiedlichen Institutionen entwickelte Indizes, die Armut messen und in verschiedenen Berichten Verwendung finden. Die folgende Tabelle bietet einen Überblick über drei der wichtigsten Konzepte.

Tab. 3: Internationale Indizes

Name	Human Development Index (HDI)	Multidimensional Poverty Index (MPI)	Word Hunger Index (WHI)
Herausgeber	United Nations Development Programme	United Nations Development Programme	Welthungerhilfe
Ziel	Abbildung des Entwicklungsstandes eines Landes anhand drei verschiedener Dimensionen:	Messung Deprivation in drei Bereichen anhand mehrerer Unterkategorien:	Aufzeichnung und Vergleich verschiedener Hungerindikatoren weltweit, anhand drei Dimensionen und vier Indikatoren
Funktionsweise	**1 Lebensstandard** Gemessen am Bruttoinlandsprodukt (BIP) **2 Gesundheit** Gemessen an Lebenserwartung bei Geburt **3 Bildung** Gemessen an durchschnittlicher Anzahl der Schuljahre der Erwachsenen + Anzahl erwarteter Schuljahre bei Kindern	**1 Lebensstandard** Vermögen, Gestaltung des Wohnraums, Stromversorgung, Trinkwasserzugang, Hygiene/Sanitäreinrichtungen **2 Gesundheit** Ernährung, Kindersterblichkeit **3 Bildung** Jahre der Beschulung, Teilnahme an Schule	**1 Unzureichende Nahrungsmittelversorgung** Unterernährung **2 Kindersterblichkeit** Sterblichkeit Kinder unter 5 Jahren **3 Unterernährung bei Kindern** Auszehrung, Wachstumsverzögerung Einordnung Hungerlage in: gravierend, sehr ernst, ernst, mäßig oder niedrig

Quellen: eigene Darstellung und Übersetzung auf Basis von Human Development Programm 2023b; Multidimensional Poverty Index 2023c; Welthungerhilfe 2023

Bildliche Darstellung

Abb. 3: Multidimensional Poverty Index

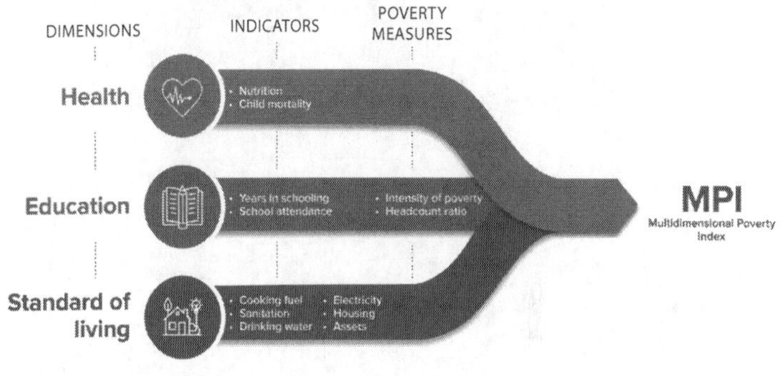

Quelle: **UNDP 2023c**

Abb. 4: Human Development Index

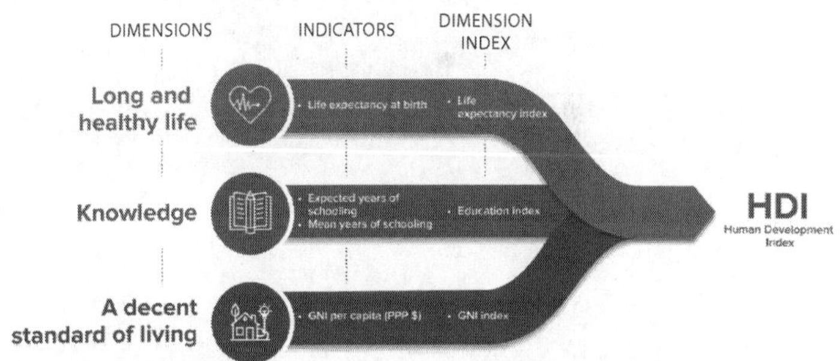

Quelle: **UNDP 2023b**

Abb. 5: Welthunger Index

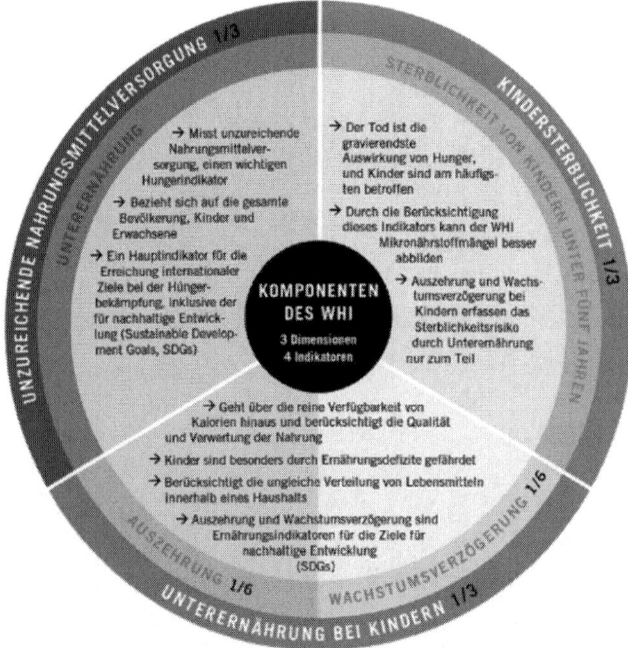

Quelle: **Welthungerhilfe 2023**

7. Conclusio: (Methodologischen) Nationalismus überwinden, um Armut weltweit zu bekämpfen

Zum Ende dieses Bandes soll ein Punkt aus der Einleitung nochmals aufgegriffen werden, der mir hinsichtlich des Verständnisses von Armut zentral erscheint. Er stellt eine Folgerung dar, die sich aus den Ausführungen des Kapitels über die Gegenmaßnahmen ergibt. Wie an zahlreichen einzelnen Maßnahmen immer wieder deutlich wurde, stoßen viele Vorschläge für Armutsbekämpfung an Grenzen, sofern eine nationale Perspektive auf Armut beibehalten wird. Das gilt sowohl für die Wissenschaft, also die analytische Ebene, als auch für die Politik, also die praktische Ebene. So macht die Konkurrenz der Nationen bzw. das Interesse am Erfolg der eigenen Nation die Einführung eines globalen Mindestlohns, eines globalen bedingungslosen Grundeinkommens, ausgewogenerer Handelsbedingungen etc. quasi unmöglich. Der Kapitalismus hat sich „nicht nur in das herrschende, sondern in das *einzige* sozioökonomische System der Welt" (Milanović 2021, 14, Hervorh. i. O.) verwandelt, und dieses wird von vielen unterschiedlichen Staatsgewalten regiert, denen die weltweite Ökonomie jeweils den größtmöglichen nationalen Nutzen erbringen soll.

Staaten und Wissenschaften müssten also von der nationalen Perspektive zurücktreten und einen *universalistischen* Blick einnehmen, um das Problem der Armut zu lösen. Armut würde dann nicht nur als ein nationales, sondern als ein globales Problem begriffen werden; Sorgegegenstand wären nicht die deutschen, schwedischen etc. Armen, sondern Armut von Menschen an sich. Da es sich bei der Angst um Einbußen von Wettbewerbsvorteilen und infolgedessen weniger Wachstum oder davor, zum Magneten von Migration zu werden, um keine Ideologie, sondern Realität handelt, würde dieser universalistische Blick und dessen Praktizierung einen fundamentalen Bruch mit der bisherigen Politik der Nationen darstellen. Ob er sich in Form eines Weltstaates oder durch andere politische und ökonomische Institutionen realisieren lässt, bleibt zu diskutieren. Zugleich scheint mir dies auch der einzig gangbare Weg zu sein, um rechtspopulistischen und rechtsextremen Positionen, die nationale Armut durch Ausschluss aller vermeintlich Fremden aus dem „Volksheim" bekämpfen möchten, tatsächlich etwas entgegensetzen zu können.

Literatur

Quellen, die als „Weiterführende Literatur" unter den Ausführungen genannt werden, sind hier nicht noch einmal aufgeführt.

Acharya, Sunil (2022): Die sozialen Auswirkungen der Gletscherschmelze, In: Kaur Paul, Harpreet/Gebrial, Dalia (Hg.): Eine Welt – ein Klima. Globale Perspektiven auf einen gerechten Green New Deal. Münster. S. 101–104.

Adelowokan, Oluwaseyi Adedayo u. a. (2019): Unemployment, poverty and economic growth in Nigeria. In: Journal of Economics & Management. Volume 35 (1) 2019, S. 5–17. Online: https://cejsh.icm.edu.pl/cejsh/element/bwmeta1.element.cejsh-74fc6290-28c0-4b14-8b39-8147bab8ac30/c/01.pdf (Zugriff: 30.3.2024).

Adorno, Theodor (2003): Reflexionen zur Klassentheorie. Berlin.

Anderson, Teresa (2022): Nichts über uns ohne uns: Arbeitnehmer*innen im Mittelpunkt einer gerechten Agrarwende. In: Kaur Paul, Harpreet/Gebrial, Dalia (Hg.): Eine Welt – ein Klima. Globale Perspektiven auf einen gerechten Green New Deal. 2022. Münster. S. 79–86.

Aßländer, Michael (2020): Der Korruptionsfall Siemens. In: Friesen, Hans (Hg.): Im globalen Spannungsfeld der Korruption. Analysen eines Phänomens aus interdisziplinären Perspektiven. Freiburg. S. 99–122.

Auswärtiges Amt (2021): Agenda 2030 für nachhaltige Entwicklung. Online: https://www.auswaertiges-amt.de/de/aussenpolitik/themen/agenda2030/agenda2030nachhaltigkeit/216490#:~:text=Am%2025.,Sustainable%20Development%20Goals%2C%20SDGs%20 (Zugriff: 26.1.2024).

Bagayoko, Broulaye (2022): Kolonialschuld und Reparationen. In: Kaur Paul, Harpreet/Gebrial, Dalia (Hg.): Eine Welt – ein Klima. Globale Perspektiven auf einen gerechten Green New Deal. Münster S. 157 f.

Baron, Christian (2020): Ein Mann seiner Klasse. Berlin.

Bassey, Nnimmo (2019): Politische Spiele mit dem Klimawandel. In FIAN (01/2019). Online: https://www.fian.de/wp-content/uploads/2021/06/FIAN_Fokus_01_2019.pdf (Zugriff: 15.2.2024).

Beck, Valentin (2016): Eine Theorie der globalen Verantwortung. Was wir Menschen in extremer Armut schulden. 2. Aufl., Frankfurt/M.

Beer, Ursula (1991): Geschlecht, Struktur, Geschichte. Soziale Konstituierung des Geschlechterverhältnisses. Frankfurt/M.

Bhalla, A. S./Lapeyre, Frédéric (2004): Poverty and Exclusion in a Global World. 2. Aufl., London.

Bieri, Sabin/Breu, Thomas (2020): Wirtschaftswachstum ist kein Allzweckmittel. Online: https://dievolkswirtschaft.ch/de/2020/04/wirtschaftswachstum-ist-kein-allzweckmittel/ (Zugriff: 18.3.2024).

BMZ (2024a): Korruption hemmt Entwicklung. Online: https://www.bmz.de/de/themen/korruption/hintergrund-19352 (Zugriff: 19.3.2024).

BMZ (2024b): Ressourcenansatz. Online: https://www.bmz.de/de/service/lexikon/ressourcenansatz-14792#:~:text=Der%20sogenannte%20Ressourcenansatz%20dient%20der,pro%20Tag%20zur%20Verf%C3%BCgung%20haben (Zugriff: 19.3.2024).

BMZ (o. D., a): Warum brauchen wir Entwicklungspolitik? Online: https://www.bmz.de/de/ministerium/grundsaetze-ziele/warum-entwicklungspolitik-59906 (Zugriff: 18.3.2024).

BMZ (o. D., b): Von der Entwicklungshilfe zur Entwicklungszusammenarbeit. Online: https://www.bmz.de/de/ministerium/geschichte/von-entwicklungshilfe-zu-entwicklungszusammenarbeit-96652#:~:text=Der%20Begriff%20Entwicklungshilfe%20wurde%20seit,auf%20eine%20Rolle%20als%20Leistungsempfänger (Zugriff: 18.3.2024).

BMZ (o. D., c): HIPC-Initiative. Online: https://www.bmz.de/de/service/lexikon/hipc-initiative-14482 (Zugriff: 18.3.2024).

Boehm, Omri (2022): Radikaler Universalismus. Jenseits von Identität. Berlin.

Bohnet, Michael (2019): Geschichte der deutschen Entwicklungspolitik. 2. Auflage. München.

Böhnke, Petra/Dittmann, Jörg/Goebel, Jan (Hg.) (2019): Handbuch Armut. Ursachen, Trends, Maßnahmen. Bonn: Bundeszentrale für politische Bildung.

bpb (2011): Programme und Fonds der Vereinten Nationen. Online: https://www.bpb.de/themen/internationale-organisationen/vereinte-nationen/48598/programme-und-fonds-der-vereinten-nationen/ (Zugriff: 26.3.2024).

Brandenburgische Landeszentrale für politische Bildung 2020/2022.

Bude, Heinz (2008): Die Ausgeschlossenen. Das Ende vom Traum einer gerechten Gesellschaft. München.

Bundesbank (2023): Monatsbericht. Vermögen und Finanzen privater Haushalte in Deutschland: Ergebnisse der Vermögensbefragung 2021. Online: https://www.bundesbank.de/de/bundesbank/forschung/haushaltsstudie/ergebnisse/ergebnisse-der-studie-604886 (Zugriff: 25.3.2024).

Bundesministerium für Arbeit und Soziales (2017): Der 5. ARB. Online: https://www.armuts-und-reichtumsbericht.de/DE/Bericht/Bisherige-Berichte/Der-fuenfte-Bericht/fuenfter-bericht.html (Zugriff: 26.3.2024).

Bundesministerium für Arbeit und Soziales (2021): Der 6. ARB. Online: https://www.armuts-und-reichtumsbericht.de/SharedDocs/Downloads/Berichte/sechster-armuts-reichtumsbericht.pdf?__blob=publicationFile&v=2 (Zugriff: 18.3.2024).

Bundesministerium für Arbeit und Soziales (2023): Der 7. ARB. Auftrag und Ziel. Online: https://www.armuts-und-reichtumsbericht.de/DE/Bericht/Der-siebte-Bericht/Auftrag-und-Ziel/auftrag-und-ziel.html (Zugriff: 21.8.2024).

Bundesministerium für Bildung und Forschung (2022): Bildung in Deutschland. Ein indikatorgestützter Bericht mit einer Analyse zum Bildungspersonal. Online: https://www.bildungsbericht.de/de/bildungsberichte-seit-2006/bildungsbericht-2022/pdf-dateien-2022/bildungsbericht-2022.pdf (Zugriff: 18.3.2024).

Bundesministerium für Finanzen (2022): Internationaler Währungsfonds (IWF). Online: https://www.bundesfinanzministerium.de/Content/DE/Standardartikel/Themen/Internationales_Finanzmarkt/Internationale_Finanzpolitik/Internationaler_Waehrungsfonds/IWF-Definition.html (Zugriff: 25.3.2024).

Bundesministerium für Umwelt, Naturschutz, nukleare Sicherheit und Verbraucherschutz (2024): Die 2030-Agenda für Nachhaltige Entwicklung. Online: https://www.bmuv.de/themen/nachhaltigkeit/2030-agenda (Zugriff: 26.1.2024).

Butterwegge, Christoph (2007): Rechtfertigung, Maßnahmen und Folgen einer neoliberalen (Sozial-) Politik, In: Butterwegge, Christoph/Lösch, Bettina/Ptak, Ralf (Hg.): Kritik des Neoliberalismus. Wiesbaden. S. 135–220.

Butterwegge, Christoph (2018): Bildung – ein probates Mittel zur Bekämpfung von (Kinder-) Armut in Deutschland? Was getan werden muss, damit sich die Kluft zwischen Arm und Reich wieder schließt. In: Quenzel, Gudrun/Hurrelmann, Klaus (Hg.): Handbuch Bildungsarmut. Wiesbaden. S. 743–767.

Butterwegge, Christoph (2021): Armut. Köln.

Candeias, Mario (2021): Klassentheorie. Vom Making und Remaking. Hamburg.

Castel, Robert (2005): Die Stärkung des Sozialen. Leben im neuen Wohlfahrtsstaat. Hamburg.

Castel, Robert (2008): Die Metamorphosen der sozialen Frage: Eine Chronik der Lohnarbeit. 2. Aufl. Konstanz.

CDU/CSU (2021): Das Programm für Stabilität und Erneuerung. Online: https://www.csu.de/common/download/Regierungsprogramm.pdf (Zugriff: 19.3.2024).

Demirović, Alex (2020): Kein Wesenskern – nirgendwo. Klassen und Identität. In: Candeias, Mario (Hg.): Klassentheorie. Vom Making zum Remaking. Hamburg.

Deutscher Bundestag (2022): Aufstieg durch Bildung nicht jedem Kind in Deutschland möglich. Bericht zur 8. Sitzung des Parlamentarischen Beirates für nachhaltige Entwicklung. Online: https://www.bundestag.de/dokumente/textarchiv/2022/kw27-pa-nachhaltigkeit-bildung-901218 (Zugriff: 19.3.2024).

Deutscher Paritätischer Wohlfahrtsverband – Gesamtverband e. V. (2024): Armut in der Inflation. Paritätischer Armutsbericht 2024. Berlin.

Deutscher Paritätischer Wohlfahrtsverband – Gesamtverband e.V. (2020): Wir sind Parität. Online: https://www.der-paritaetische.de/ (Zugriff: 30.3.2024).

Deutsches Institut für Wirtschaftsforschung e.V. (2023): Sozioökonomisches Pandel (SOEP). Online: https://www.diw.de/de/diw_01.c.412809.de/sozio-oekonomisches_panel__soep.html (Zugriff: 30.11.2023).

Didier, Eribon (2016): Rückkehr nach Reims. Deutsche Erstausgabe. Berlin.

Die Linke (2020): Frühlingsakademie: Neben uns die Sintflut? Streitgespräch zum Konzept der Imperialen Lebensweise. [Video, Min. 23:00 ff.] Online: https://www.youtube.com/watch?v=G-a2CQcMZ0g (Zugriff: 18.4.2024).

Dörre, Klaus (2021): Die Utopie des Sozialismus. Berlin.

Engels, Dietrich (2013): In: Grunwald, Klaus/Horcher, Georg/Maelicke, Bernd (Hg.): Lexikon der Sozialwirtschaft. 2. aktualisierte und vollständig erweiterte Aufl. Baden-Baden. S. 615–620.

Erdmann, Norbert/Dechmann, Eberhard (2018): Das bedingungslose Grundeinkommen – ein Auslaufmodell? In: Butterwegge, Christoph/Rinke, Kuno (Hg.): Grundeinkommen kontrovers. Plädoyers für und gegen ein neues Sozialmodell. S. 216–223.

Eribon, Didier (2016): Rückkehr nach Reims. Frankfurt/M.

Ernste, Huib (2013): The Political Economy of Society and Space. In: Erwägen, Wissen, Ethik. 01/2013, Vol. 24 (1), S. 23–26.

Ezenwe, Uka (1993): The african debt crisis and the challenge of development. Intereconomics. Online: https://www.econstor.eu/bitstream/10419/140384/1/v28-i01-a07-BF02928100.pdf (Zugriff: 18.3.2024).

Fachstelle Einwanderung (2016): Working Paper – Neues aus der Migrationsforschung. Förderprogramm: Integration durch Qualifizierung (IQ). (Hg.): Minor – Projektkontor für Bildung und Forschung e. V.

Faleiro, Jessica (2022): Zwei Krisen: Eine Fallstudie zur Klimamigration in Indien in Zeiten von Covid-19. In: Kaur Paul, Harpreet/Gebrial, Dalia (Hg.): Eine Welt – ein Klima. Globale Perspektiven auf einen gerechten Green New Deal. Münster. S. 114–118.

Farzin, Sina (2006): Inklusion Exklusion. Entwicklungen und Probleme einer systemtheoretischen Unterscheidung. Bielefeld.

FDP (2021): Nie gab es mehr zu tun. Wahlprogramm der Freien Demokraten. Beschluss des 72. Ord. Bundesparteitag der Freien Demokraten vom 14.-16. Mai 2021. Online: https://www.fdp.de/sites/default/files/2021-06/FDP_Programm_Bundestagswahl2021_1.pdf (Zugriff: 18.3.2024).

FDP (2022): Bürgergeld ist kein bedingungsloses Grundeinkommen. Online https://www.fdp.de/das-buergergeld-ist-kein-bedingungsloses-grundeinkommen (Zugriff: 19.3.2024).

Felber, Christian (2018): Gemeinwohl-Ökonomie: Das alternative Wirtschaftsmodell für Nachhaltigkeit. 6. Aufl. München.

Fischer, Karin/Reiner, Christian/Staritz, Cornelia (Hg.) (2021): Globale Warenketten und ungleiche Entwicklung. Wien.

Food and Agriculture Organisation of the United Nations (2023): About FAO. Online: https://www.fao.org/about/about-fao/en/ (Zugriff: 26.3.2024).

Forschungsinstitut zur Zukunft der Arbeit (Hg.) (2023): Verteilungswirkungen der aktuellen Preisniveausteigerungen. Bonn.

Fratzscher, Marcel (20.8.2021): Fratzschers Verteilungsfragen/Gesetzliche Rentenversicherung. Das Rentensystem verteilt von Arm nach Reich. In: Zeit Online. Online: https://www.zeit.de/wirtschaft/2021-08/gesetzliche-rentenversicherung-umverteilung-reform-sozialpolitik (Zugriff: 18.3.2024).

Gemeinwohl-Ökonomie Deutschland (2024): Neue Werte für die Gemeinschaft. Online: https://germany.ecogood.org/ (Zugriff: 30.3.2024).

Gesis Data Archive (2021): Leo 2018. Das Leben mit geringer Literalität. Online: https://doi.org/10.4232/1.13771 (Zugriff: 21.8.2024).

Göpel, Maja (2020): Unser Wunsch nach mehr, unsere Angst vor weniger. Wie unser Wohlstandsmodell den Planeten ruiniert. In: Blätter für deutsche und internationale Politik 3. Online: https://www.blaetter.de/ausgabe/2020/maerz/unser-wunsch-nach-mehr-unsere-angst-vor-weniger (Zugriff: 20.3.2024).

(Ausschnitt bzw. Artikelfassung ihres Buches: Unsere Welt neu denken. Eine Einladung, Berlin. Ullstein, 9. Aufl.).

Graf, Jakob/Lucht, Kim/Lütten, John (Hg.) (2022): Die Wiederkehr der Klassen. Theorien, Analysen, Kontroversen. Frankfurt/M.

Haan, Peter/Schaller, Maximilian (2021): Heterogene Lebenserwartung. DIW Berlin: Politikberatung kompakt 171. Online: https://www.diw.de/documents/publikationen/73/diw_01.c.822952.de/diwkompakt_2021-171.pdf (Zugriff: 19.3.2024).

Hamouchene, Hamza (2022): Grüner Landraub, In: Kaur Paul, Harpreet/Gebrial, Dalia (Hg.): Eine Welt – ein Klima. Globale Perspektiven auf einen gerechten Green New Deal. Münster. S. 91–93.

Hanewinkel, Vera (8.12.2021): Irreguläre Migration in Deutschland. Bundeszentrale für Politische Bildung. Online: https://www.bpb.de/themen/migration-integration/laenderprofile/deutschland/341113/irregulaere-migration-in-deutschland/ (Zugriff: 19.3.2024).

Harari, Yuval Noah (2013): Eine kurze Geschichte der Menschheit. 3. Aufl. München.

Harari, Yuval Noah (2020): 21 Lektionen für das 21. Jahrhundert. 6. Aufl. München.

Harrison, Paul (1987): Hunger und Armut. Hamburg.

Hauser, Richard (2018): Das Maß der Armut. Armut im sozialstaatlichen Kontext. In: Huster, Ernst-Ulrich u.a.: Handbuch Armut und Ausgrenzung. 3. Aufl. Wiesbaden. S. 149–178.

Hayek, Friedrich August v. (1981): Recht, Gesetzgebung und Freiheit. Band 2: Die Illusion der sozialen Gerechtigkeit. Landsberg am Lech.

Hayek, Friedrich August v. (2003): Der Weg zur Knechtschaft. Sonderausgabe. München.

Hegel, G. W. Friedrich (1974): Vorlesungen über Rechtsphilosophie. 1818–1831. Nach den Vorlesungsmitschriften von Griesheim und Strauß. (Hg.): Ilting, Karl-Heinz. Stuttgart. (zitiert als GSGPR).

Hegel, G. W. Friedrich (o.J.): Grundlinien der Philosophie des Rechts. Band 7. (zitiert als GPR).

Hegel, G. W. Friedrich (o.J.): Vorlesungen über die Philosophie der Geschichte. Band12. (zitiert als VPG).

Heid, Helmut (1988): Zur Paradoxie der bildungspolitischen Forderung nach Chancengleichheit. In: Zeitschrift für Pädagogik Nr. 34 (1988). S. 1.

Henning, Christoph (2021): Marxismus und Armut. In: Schweiger, Gottfried/ Sedmak, Clemens (Hg.): Handbuch Philosophie und Armut. Berlin.

Hickel, Jason (2017): Die Tyrannei des Wachstums. Wie globale Ungleichheit die Welt spaltet und was dagegen zu tun ist. München.

Hickel, Jason (2021): The anti-colonial politics of degrowth. In: Political Geography Columе 88 (Juni).

Höffe, Otfried (1999): Demokratie im Zeitalter der Globalisierung. München.

Höffe, Otfried (2004): Wirtschaftsbürger, Staatsbürger, Weltbürger. München.

Hradil (2012): Handbuch Armut und Soziale Ausgrenzung. 2., überarb. und erw. Aufl. Wiesbaden.

Hürtgen, Stefanie (2018): Das nördliche „Wir“ gibt es nicht. Online: https://zeitschrift-luxemburg.de/artikel/das-noerdliche-wir-gibt-es-nicht/ (Zugriff: 25.3.2024).

Hürtgen, Stefanie (2020): Arbeit, Klasse und eigensinniges Alltagshandeln: Kritisches zur imperialen Lebensweise – Teil 1. In: PROKLA. Zeitschrift für Kritische Sozialwissenschaft. Nr. 1/2020. S. 171–188.

Huster, Ernst-Ulrich/Boeckh, Jürgen/Mogge-Grotjahn, Hildegard (Hg.) (2018): Handbuch Armut und soziale Ausgrenzung. 3. Aufl. Wiesbaden.

IAW (2003): Schlussbericht des Projekts „Operationalisierung der Armuts- und Reichtumsmessung“ Tübingen. Online: https://www.armuts-und-reichtumsbericht.de/SharedDocs/Downloads/Berichte/erster-armuts-reichtumsbericht-publikation-operationalisierung-armuts-reichtumsmessung.pdf?__blob=publicationFile&v=2 (Zugriff: 26.3.2024).

IAW (2006): Das Konzept der Verwirklichungschancen (A. Sen). Empirische Operationalisierung im Rahmen der Armuts- und Reichtumsmessung. Machbarkeitsstudie. abrufbar unter: https://www.armuts-und-reichtumsbericht.de/SharedDocs/Downloads/Berichte/machbarkeitsstudie-konzept-verwirklichungschancen.pdf?__blob=publicationFile&v=2https://www.armuts-und-reichtumsbericht.de/SharedDocs/Downloads/Berichte/machbarkeitsstudie-konzept-verwirklichungschancen.pdf?__blob=publicationFile&v=2, Zugriff: 20.8.2024).

ILO (2024): Global Wage Report 2020–2021. Online: https://www.ilo.org/global/research/global-reports/global-wage-report/2020/lang--en/index.htm (Zugriff: 30.3.2024).

IMF (2023): Debt Relief Under the Heavily Indebted Poor Countries (HIPC) Initiative. Online: https://www.imf.org/en/About/Factsheets/Sheets/2023/

Debt-relief-under-the-heavily-indebted-poor-countries-initiative-HIPC (Zugriff: 20.3.2024).

Institut für Angewandte Wirtschaftsforschung e.V. (2023): Themen. Online: https://www.iaw.edu/ (Zugriff: 18.4.2024.

International Monetary Fund (2022): The IMF in History. Online: https://www.imf.org/en/About/Timeline (Zugriff: 25.3.2024).

International Monetary Fund (2023): About the IMF. Online: https://www.imf.org/en/About (Zugriff: 25.3.2024).

IPCC (2021): Summary for Policymakers. In: Climate Change (2021): The Physical Science Basis. Contribution of Working Group I to the Sixth Assessment Report of the Intergovernmental Panel on Climate Change. Online: https://www.ipcc.ch/report/ar6/wg1/downloads/report/IPCC_AR6_WGI_SPM.pdf (Zugriff: 20.3.2024).

IPCC (2022): Summary for Policymakers in: Climate Change 2022: Impacts, Adaptation, and Vulnerability. Contribution of Working Group II to the Sixth Assessment Report of the Intergovernmental Panel on Climate Change. Cambridge. Online: https://www.ipcc.ch/report/ar6/wg2/downloads/report/IPCC_AR6_WGII_SummaryForP olicymakers.pdf (Zugriff: 22.3.2024).

Kaiser, Jürgen/Kopper, Elise (11.9.2020): Schuldenerleichterung? Nein, danke! Die Folgen der Pandemie haben besonders die Entwicklungsländer hart getroffen. Doch der Verzicht auf Schulden könnte diese teuer zu stehen kommen. In: IPG Journal. Online: https://www.ipg-journal.de/regionen/global/artikel/schuldenerleichterung-nein-danke-4637/ (Zugriff: 25.3.2024).

Kaur Paul, Harpreet/Gebrial, Dalia (Hg.) (2022): Eine Welt – ein Klima. Globale Perspektiven auf einen gerechten Green New Deal. Münster.

Klundt, Michael (2019): Gestohlenes Leben. Kinderarmut in Deutschland. Köln.

Koch, Andreas (2022): Armut? Frag doch einfach! Klare Antworten aus erster Hand. München.

Krämer, Ralf (2018): Eine illusionäre Forderung und keine soziale Alternative. Gewerkschaftliche Argumente gegen das Grundeinkommen, In: Butterwegge, Christoph/Rinke, Kuno (Hg.): Grundeinkommen kontrovers. Plädoyers für und gegen ein neues Sozialmodell. Weinheim. S. 131–149.

Kreckel, Reinhard (2004): Politische Soziologie der sozialen Ungleichheit. 3., erw. Aufl. Frankfurt/M.

Kronauer, Martin (2010): Exklusion: Die Gefährdung des Sozialen im hoch entwickelten Kapitalismus. 2., aktualisierte und erw. Aufl. Frankfurt/M.

Lehr, Nina (20.7.2021): Connection Veganism and world hunger. Online: https://borgenproject.org/veganism-and-world-hunger/ (Zugriff: 22.3.2024).

Leisering, Lutz (2007): Gibt es einen Weltwohlfahrtsstaat? In: Albert, Mathias/ Stichweh, Rudolf (Hg.): Weltstaat und Weltstaatlichkeit. Beobachtungen globaler politischer Strukturbildung, Wiesbaden S. 187–208.

Lessenich, Stephan (2018): Neben uns die Sintflut. Wie wir auf Kosten anderer leben. München.

Lessenich, Stephan (2019): Grenzen der Demokratie. Teilhabe als Verteilungsproblem. Stuttgart.

Leßmann, Ortrud (2005): Die Rolle des Capability-Ansatzes von Amartya für die Sozialpolitik: eine konzeptionelle Umorientierung in der deutschen Sozialpolitik? Online: https://www.ssoar.info/ssoar/bitstream/handle/document/40728/ssoar-zesrep-2005-1-lemann-Die_Rolle_des_Capability-Ansatzes_von.pdf?sequence=1&isAllowed=y&lnkname=ssoar-zesrep-2005-1-lemann-Die_Rolle_des_Capability-Ansatzes_von.pdf (Zugriff: 22.3.2024).

Lucht, Kim u.a. (2021): Klassen- und Geschlechterverhältnisse. Zur Aktualität feministischer Klassentheorie und -politik. In: Lüten, John/Lucht, Kim/Graf, Jakob (Hg.): Wiederkehr der Klassen. Theorien, Analysen, Kontroversen. Frankfurt/New York, S. 19–54.

maiLab (2019): Retten Veganer die Umwelt? [Video] Online: https://www.youtube.com/watch?v=keEKlr2dG-I (Zugriff: 25.3.2024).

Mardorf, Silke (2006): Konzepte und Methoden der Sozialberichterstattung. Wiesbaden.

Marx, Karl/Engels, Friedrich (1959 ff.): Lohnarbeit und Kapital. In: MEW 6. S. 397–423. (zitiert als MEW 6).

Marx, Karl/Engels, Friedrich (1961 ff.): Kritische Randglossen zu dem Artikel „Der König von Preußen und die Sozialreform. Von einem Preußen“. In: MEW 1. S. 392–409. (zitiert als MEW 1).

Marx, Karl/Engels, Friedrich (1962 ff.): Das Kapital. Kritik der politischen Ökonomie. Erster Band: Der Produktionsprozeß des Kapitals. In: MEW 23. (zitiert als MEW 23).

Marx, Karl/Engels, Friedrich (1973): Kritik des Gothaer Programms. In: MEW 19. S. 13–32. (zitiert als MEW 19).

Marx, Karl/Engels, Friedrich (1981 ff.): Grundrisse der Kritik der politischen Ökonomie. In: MEW 42. (zitiert als MEW 42).

Marx, Karl/Engels, Friedrich (2021): MEW 24. Das Kapital. Zweiter Band. Der Zirkulationsprozess des Kapitals. 14 unv. Aufl. Berlin. (zitiert als MEW 24).

Maurer, Katja/Pollmeier, Andrea (2020): Haitianische Renaissance. Der lange Kampf um postkoloniale Emanzipation. Frankfurt/M.

Mayr, Anna (2020): Die Elenden. Warum unsere Gesellschaft Arbeitslose verachtet und sie dennoch braucht. 4. Aufl. Berlin.

Mbatia, Wangui (2019): Die Plünderung des afrikanischen Kontinents. In: Scheidler, Fabian/Goeßmann, David (2019): Der Kampf um globale Gerechtigkeit. Wien. S. 152.

Mentan, Tatah (2018): Africa in the colonial ages of empire. Slavery, Capitalism, Racism, Colonialism, Decolonization, Independence as Recolonization, and Beyond. Mankon, Bamenda.

Menzel, Ulrich (2015): Die Ordnung der Welt. Berlin.

Milanović, Branko (2016): Die ungleiche Welt. Migration, das eine Prozent und die Zukunft der Mittelschicht. Berlin.

Milanović, Branko (2017): The illusion of „degrowth" in a poor and unequal world. Online: http://glineq.blogspot.com/2017/11/the-illusion-of-degrowth-in-poor-and.html (Zugriff: 24.3.2024).

Milanović, Branko (2021): Kapitalismus global. Über die Zukunft des Systems, das die Welt beherrscht, Sonderausgabe für die Bundeszentrale für politische Bildung. Bonn.

Milanović, Branko (2022): Vom Privileg, „im, richtigen" Land geboren zu sein. Interview in: POLITIKUM 1/2022. S. 46–49.

Milanović, Branko (2023): Vom Privileg, im ‚richtigen' Land geboren zu sein. Interview in: POLITIKUM 1/2023, S. 46–49.

Moyo, Dambisa (2009): Dead aid. Why aid is not working and why there is another way for Africa. London.

Müller, Gerd (2017): Unfair! Für eine gerechte Globalisierung. Hamburg.

Nacpil, Lidy (2022): Schuldenerlass und Reparationen – Perspektiven des globalen Südens. In: Kaur Paul, Harpreet/Gebrial, Dalia (Hg.): Eine Welt – ein Klima. Globale Perspektiven auf einen gerechten Green New Deal. Münster. S. 159–163.

Nahnsen, Ingeborg (1992): Lebenslagenvergleich. Ein Beitrag zur Vereinigungsproblematik. In: Henkel, Heinrich/Merle, Uwe (Hg.): „Magdeburger Erklärung" – Neue Aufgaben der Wohnungswirtschaft. Regensburg.

Nationale Armutskonferenz (2023a): Schattenbericht. Online: https://www.nationale-armutskonferenz.de/veroeffentlichungen/schattenbericht/ (Zugriff: 25.3.2024).

Nationale Armutskonferenz (2023b): Über uns. Online: https://www.nationale-armutskonferenz.de/ueber-uns/ (Zugriff: 25.3.2024).

NDR (20.3.2023): Niedersachsens Grüne fordern staatliche Jobgarantie. Online: https://www.ndr.de/nachrichten/niedersachsen/Niedersachsens-Gruene-fordern-staatliche-Jobgarantie,jobgarantie102.html (Zugriff: 25.3.2024).

Neurath, Otto (1931/2013): Empirische Soziologie. Der Wissenschaftliche Gehalt der Geschichte und Nationalökonomie. Wiesbaden.

Odera Oruka, Henry (2000): Philosophie der Entwicklungshilfe. Eine Frage des Rechts auf ein menschliches Minimum. In: Polylog. Zeitschrift für interkulturelles Philosophieren), S. 6–16.

Oruka, Henry (1997): Practical Philosophy: in search of an ethical minimum. East African Educational Publishers, Nairobi/Kampala.

Opitz, Sven (2007): Eine Topologie des Außen – Foucault als Theoretiker der Inklusion/Exklusion. In: Anhorn, Roland/Bettinger, Frank/Stehr, Johannes (Hg.): Foucault Machtanalytik und Soziale Arbeit. Eine kritische Einführung und Bestandsaufnahme. Wiesbaden. S. 41–57.

Osterhammel, Jürgen (2003): Kolonialismus: Geschichte-Formen-Folgen. 4. Aufl. München.

Paech, Niko (2013): Befreiung vom Überfluss. Auf dem Weg in die Postwachstumsökonomie. München.

Papst Franziskus (2013): Die Freude des Evangeliums. Das Apostolische Schreiben „Evangelii Gaudium" über die Verkündigung des Evangeliums in der Welt von heute. Freiburg. Online: http://www.vatican.va/content/francesco/de/apost_exhortations/documents/papa-francesco_esortazione-ap_20131124_evangelii-gaudium.html (Zugriff: 24.3.2024).

Piketty, Thomas (2021): Der Sozialismus der Zukunft. Interventionen. München.

Piketty, Thomas (2022): Kapital und Ideologie. München.

Pogge, Thomas (2011): Weltarmut und Menschenrechte: Kosmopolitische Verantwortung und Reformen. Berlin.

Precht, Richard David (2018): Frei leben! Digitalisierung, Grundeinkommen und Menschenbild. In: Butterwegge, Christoph/Rinke, Kuno (Hg.): Grundeinkommen kontrovers. Plädoyers für und gegen ein neues Sozialmodell. S. 32–49.

Premrov, Tamara/Geyer, Leonard/Prinz, Nicolas (2022): Arbeit für alle? Kosten und Verteilungswirkung einer Jobgarantie für Langzeitbeschäftigungslose in Österreich. In: WUG. 1/2022. Online: https://journals.akwien.at/wug/article/view/76/113 (Zugriff: 24.3.2024).

Rackete, Carola (2019): Handeln statt hoffen: Aufruf an die letzte Generation. 2. Aufl. München.

Ritchie, Hannah (4.3.2021): If the world adopted a plant-based diet, we would reduce global agricultural land use from 4 to 1 billion hectares. We could reduce the amount of land used for grazing and croplands used to grow animal feed. Online: https://ourworldindata.org/land-use-diets (Zugriff: 24.3.2024).

RLS (Hg.) (2009): Der entscheidende Unterschied: Das Grundeinkommen in Namibia. Basic Income Grand Pilot Projekt. Forschungsbericht, April 2009. Online: https://www.rosalux.de/fileadmin/rls_uploads/pdfs/Der_entscheidende_Unterschied.pdf (Zugriff: 24.3.2024).

Rousseau, Jean-Jacques (1989a): Vom Gesellschaftsvertrag. Oder Prinzipien des Staatsrechts. Kulturkritische und politische Schriften in zwei Bänden. Band 1. Fontius, Martin (Hg.) Berlin.

Rousseau, Jean-Jacques (1989b): Entwurf einer Verfassung für Korsika. Kulturkritische und politische Schriften in zwei Bänden. Band 2. Fontius, Martin (Hg.) Berlin.

Rousseau, Jean-Jacques (2010): Abhandlung über den Ursprung und die Grundlagen der Ungleichheit unter den Menschen. Rippel, Philipp (Hg.). Stuttgart.

Sassen, Saskia (2015): Ausgrenzungen. Brutalität und Komplexität in der globalen Wirtschaft. 2. Aufl. Frankfurt/M.

Schmelzer, Matthias/Vetter, Andrea (2019): Degrowth/Postwachstum zur Einführung. Hamburg.

Schroeter, Klaus (2001): Lebenslagen, sozialer Wille, praktischer Sinn. In: Backes, Gertrud/Clemens, Wolfgang/Schroeter, Klaus R. (Hg.): Zur Konstruktion sozialer Ordnungen des Alter(n)s. Opladen. S. 31–65.

Sen, Amartya (2020): Ökonomie für den Menschen. Wege zur Gerechtigkeit und Solidarität in der Marktwirtschaft. München.

Shikwati, James (2019): „Die ausländische Hilfe besetzt den Raum, der eigentlich von afrikanischen Denkern oder Politikern besetzt sein sollte". Im Gespräch mit Markus Ziener. Online: https://www.nzz.ch/feuilleton/james-shikwati-kritisiert-im-interview-die-entwicklungshilfe-ld.1488221 (Zugriff: 22.3.2024).

Simmel, Georg (2019): Der Arme. Erstveröffentlichung 1906. Sesto San Giovanni.

Singer, Peter (2017): Hunger, Wohlstand und Moral. Hamburg.

Singer, Peter (2021): Effektiver Altruismus. Eine Anleitung zum ethischen Leben. Berlin.

SPD (2018): Ein neuer Aufbruch für Europa. Eine neue Dynamik für Deutschland. Ein neuer Zusammenhalt für unser Land. Koalitionsvertrag zwischen CDU, CSU und SPD. 19. Legislaturperiode. Online: https://www.spd.de/fileadmin/Dokumente/Koalitionsvertrag/Koalitionsvertrag_2018-2021_Bund_final.pdf (Zugriff: 18.4.2024).

Spiegel, Peter/Zervas, Georgios (2016): Die 1-Dollar Revolution. Globaler Mindestlohn gegen Ausbeutung und Armut. München.

Statista (2024): Anzahl der Deutschen in der Schweiz von 2012 bis 2022. Online: https://de.statista.com/statistik/daten/studie/150427/umfrage/in-der-schweiz-lebende-deutsche/ (Zugriff: 25.3.2024).

Statistisches Bundesamt (2023a): Haushalte und Familien. Was ist der Mikrozensus? Verfügbar unter: https://www.destatis.de/DE/Themen/Gesellschaft-Umwelt/Bevoelkerung/Haushalte-Familien/Methoden/mikrozensus.html#445712; Online: 30.11.2023.

Statistisches Bundesamt (2023b): Einkommen und Lebensbedingungen, Armutsgefährdung. Erhebung über Einkommen und Lebensbedingung. Online: https://www.destatis.de/DE/Themen/Gesellschaft-Umwelt/Einkommen-Konsum-Lebensbedingungen/Lebensbedingungen-Armutsgefaehrdung/Methoden/EU-SILC.html (Zugriff: 30.11.2023).

Stöber, Silvia (2020): Bekämpfung und Prävention von Korruption in Armenien, Aserbaidschan und Georgien. Online: https://www.bertelsmann-stiftung.de/de/publikationen/publikation/did/bekaempfung-und-praevention-von-korruption-in-armenien-aserbaidschan-und-georgien (Zugriff: 25.3.2024).

Transparency International (2014): The Impact of corruption on growth and inequality. Online: https://knowledgehub.transparency.org/assets/uploads/helpdesk/Impact_of_corruption_on_growth_and_inequality_2014.pdf (Zugriff: 18.4.2024).

Transparency International Deutschland (2023a): Was ist Korruption? Online: https://www.transparency.de/ueber-uns/was-ist-korruption (Zugriff: 25.3.2024).

Transparency International Deutschland (2023b): Im Einsatz für Menschenrechte und gegen Korruption. Online: https://www.transparency.de/fileadmin/Redaktion/Publikationen/2023/Scheinwerfer-98_Menschenrechte.pdf (Zugriff: 25.3.2024).

Transparency International Deutschland (2024): Korruptionswahrnehmungsindex. Online: https://www.transparency.de/cpi (Zugriff: 25.3.2024).

Traoré, Aminata (2019): Der Fall Mali – Wie 30 Jahre Neoliberalismus den Boden für den Krieg bereiteten. In: Scheidler, Fabian/Goeßmann, David: Der Kampf um globale Gerechtigkeit. Wien. S. 167.

UNDP (2023a): About Us. Online: https://www.undp.org/about-us (Zugriff: 26.3.2024).

UNDP (2023b): Human Development Index (HDI). Online: https://hdr.undp.org/data-center/human-development-index#/indicies/HDI (Zugriff: 26.3.2024).

UNDP (2023c): 2022 Global Multidimensional Poverty Index (MPI). Online: https://hdr.undp.org/content/2022-global-multidimensional-poverty-index-mpi#/indicies/MPI (Zugriff: 26.3.2024).

UNESCO (2019): Meeting Commitments. Are Countries on track to achieve SDG 4? Online: http://uis.unesco.org/sites/default/files/documents/meeting-commitments-are-countries-on-track-achieve-sdg4.pdf (Zugriff: 25.3.2024).

Unicef (3.3.2021): Covid-19: Schulen seit fast einem Jahr für mehr als 168 Millionen Kinder vollständig geschlossen. Online: https://www.unicef.de/informieren/aktuelles/presse/-/unicef-bericht-schulschliessungen/276864 (Zugriff: 25.3.2024).

United Nations (2015): The 17 Goals. Online: https://sdgs.un.org/goals (Zugriff: 3.3.2024).

United Nations (2023): The Sustainable Development Goals Report. Spezielle Aufl. New York.

Ver.di Bundesvorstand (2018): Grundeinkommen – Utopie. In: Wirtschaftspolitik aktuell. Januar 2018. Online: https://wipo.verdi.de/++file++5a575c9c086c2605ec7ef261/download/18_01%20Grundeinkommen-Utopie.pdf (Zugriff: 25.3.2024).

Vereinte Nationen (2023): Die Geschichte der Vereinten Nationen. Online: https://unric.org/de/die-vereinten-nationen/geschichte-un/#:~:text=Die%20Gr%C3%BCndung%20der%20Vereinten%20Nationen,der%20Abschluss%20eines%20langj%C3%A4hrigen%20Prozesses.&text=Die%20UN%2DCharta%20ist%20am%2024.%20Oktober%201945%20inkraftgetreten (Zugriff: 26.3.2024).

Voges, Wolfgang u. a. (2003): Methoden und Grundlagen des Lebenslagenansatzes. Bremen. Zentrum für Sozialpolitik. Online: https://www.bmas.de/SharedDocs/Downloads/DE/Publikationen/forschungsprojekt-a350-methoden-und-grundlagen-des-lebenslagenansatzes.pdf;jsessionid=EC9B51D48278DF78C56C4B35E4F315DC.delivery2-master?__blob=publicationFile&v=1 (Zugriff: 25.3.2024).

Wallerstein, Immanuel (2010): Klassenanalyse und Weltsystemanalyse. In: Beck, Ulrich/Poferl, Angelika (Hg.): Große Armut. Großer Reichtum. Zur Transnationalisierung sozialer Ungleichheit. Berlin, S. 171–205.

Weber, Max (1922/2000): Wirtschaft und Gesellschaft. Grundriss der verstehenden Soziologie. Frankfurt/M.

Weisser, Gerhard (1956): Wirtschaft. In: Ziegenfuss, Werner (Hg.): Handbuch der Soziologie. Stuttgart.

Welthungerhilfe (2023): Welthunger-Index. Online: https://www.welthungerhilfe.de/hunger/welthunger-index (Zugriff: 22.6.2023).

Werner, Götz (2018): Einkommen für alle. Bedingungsloses Grundeinkommen – die Zeit ist reif. 2. Aufl. Köln.

Windolf, Paul (2005): Was ist Finanzmarkt-Kapitalismus? In: Windolf, Paul (Hg.): Finanzmarkt-Kapitalismus. Analysen zum Wandel von Produktionsregimen. Sonderheft 45/2005 der Kölner Zeitschrift für Soziologie und Sozialpsychologie, S. 20–57. Wiesbaden.

World Bank (2019): Children out of school, primary – Fragile and conflict-affected situations. Online: https://data.worldbank.org/indicator/SE.PRM.UNER?locations=F1 (Zugriff: 24.3.2024).

World Bank (2022): Factsheet. An adjustment to Global Poverty Lines. Online: https://www.worldbank.org/en/news/factsheet/2022/05/02/fact-sheet-an-adjustment-to-global-poverty-lines#1 (Zugriff: 25.3.2024).

World Bank (2023a): Who we are. Organization. Online: https://www.worldbank.org/en/about/leadership (Zugriff: 17.4.2024).

World Bank (2023b): Repräsentation. Online: https://www.worldbank.org/de/about/leadership/directors/eds05/constituency (Zugriff: 25.3.2024).

Wullweber, Joscha (2021): Zentralbankkapitalismus. Transformationen des globalen Finanzsystems in Krisenzeiten. Berlin.

Ziegler, Jean (2007): Das Imperium der Schande. München.

Zimmermann, Gunter (1993): Armut: Konzepte, Definitionen und Operationalisierungsansätze in der BRD: wider ein Ende der Grundsatzdiskussion. Soziale Probleme, 4(2), 193–228. Online: https://www.ssoar.info/ssoar/bitstream/handle/document/24723/ssoar-soziprobleme-1993-2-;jsessionid=B342BD98040D9E8B4920D5092C6F7485?sequence=1 (Zugriff: 25.3.2024).